JN356659

한 여인이 걸어 온 제자의 길

FROM THE HEART OF A
WOMAN

CAROLE MAYHALL

캐롤 메이홀

네비게이토 출판사

TO KNOW CHRIST AND TO MAKE HIM KNOWN

네비게이토 선교회는
국제적이며 복음적인 기독교 기관이다.
예수 그리스도께서는 자기를 따르는 자들에게
"너희는 가서 모든 족속으로 제자를 삼으라"
(마태복음 28:19)는 지상사명을 주셨다.
네비게이토 선교회는 세계 모든 국가에서
예수 그리스도의 일꾼들을 배가시켜
이 지상사명의 성취를 돕는 것을
근본 목표로 하고 있다.

네비게이토 출판사는
네비게이토 선교회의 문서 선교를 담당하고 있다.
본 출판사에서는 그리스도인의 영적 성장을 돕는
서적과 자료들을 출판하여,
그리스도인의 삶의 기초가 견고한
헌신된 제자로 성장하게 하고,
나아가 성숙한 인격과 지도력을 갖춘
일꾼이 되도록 돕고 있다.

Translated by permission
Title originally published in English as
FROM THE HEART OF A WOMAN
by NavPress, a ministry of The Navigators
© 1976 by The Navigators
Korean Copyright © 1986 by Korea NavPress

차 례

저자 소개 ······················· 5

추천의 말 ······················· 7

감사의 말 ······················· 9

머리말 ························· 11

1. 갈망하는 마음 ··············· 17

2. 자라 가는 마음 ··············· 25

3. 묵상하는 마음 ··············· 31

4. 기도하는 마음 ··············· 45

5. 경청하는 마음 ··············· 53

6. 적용하는 마음 ··············· 61

7. 넓혀 가는 마음 ··············· 69

막간 : 기도의 시 ················· 83

8. 탐구하는 마음 ··············· 93

9. 기뻐하는 마음 ··············· 103

10. 행복한 마음 ················· 115

11. 굴복하는 마음 ··············· 125

12. 상처받은 마음 ··············· 131

13. 아름다운 마음 ··············· 137

저자 소개

캐롤 메이홀은 네비게이토 선교회의 미국 책임자였던 잭 메이홀의 아내입니다. 그들의 딸 린 역시, 네비게이토 선교회의 지역 대표로 주님을 섬기고 있는 형제와 결혼하여 함께 선교를 위해 힘쓰고 있습니다.

캐롤은 미시간 남부의 한 작은 도시에 있는 고등학교를 졸업하고, 일리노이 주 휘튼 대학에서 기독교 교육을 전공한 다음, 졸업 후 결혼하기 전까지는 오하이오 주의 한 교회에서 교육 전도사로 봉사하였습니다.

그녀는 남편과 함께 버지니아 주에서 캘리포니아 주, 미네소타 주에서 조지아 주에 이르기까지 여러 지역을 두루 다니면서 갖가지 환경 가운데서 주님을 섬겼습니다. 네비게이토 선교회 간사로 일하게 되면서부터 메이홀 부부는 전세계의 수많은 지역에 세미나와 수양회의 강사로 초청을 받아 말씀을 증거해 왔습니다. 그녀는 여성을 위한 모임에 연사로 초청을 받아 말씀을 전한 일이 많으며, 미국은 물론 유럽과 일본에서까지도 세미나를 주재하여 말씀을 전하고 있습니다.

말씀을 전하고 섬기는 사역을 통하여 얻게 되는 가장 값진 보상이 무엇이냐는 질문을 받을 때마다 그녀는 이렇게 답합니다.

"제가 전한 말씀을 통해서 하나님께서 사람들에게 새로운 깨달음을 주시는 것을 보는 것만큼 즐거운 일은 없습니다. 하나님께서 사람들의 세세한 필요를 다 채워 주시는 것을 보면 참으로 기쁩니다. 이런 일들이 일어날 때마다 저는 정말로 큰 감동을 느끼곤 한답니다.

"저의 어머니는 늘 남을 도와주시는 분이셨어요. 어릴 때부터 남을 도와주시고자 하는 어머니의 열망과 마음을 보아 온 것이 제가 지금 이 사역에 자신을 드리게 된 동기가 되었습니다."

추천의 말

이 책은 슬픔과 실망의 심연을 지나 마침내 승리에 이르게 된 한 여인의 마음에서 나온 이야기를 적고 있습니다. 어린 시절부터 매우 솔직한 성품을 지니고 있었던 캐롤 여사는 이 책을 통하여 자신의 삶을 통해 배운 개인적인 교훈들을 숨김없이 나누어 주고 있습니다.

이 책은 하나님께서 우리들 한 사람 한 사람의 삶을 위한 계획을 가지고 계시다는 사실을 새롭게 깨우쳐 줍니다. 어떠한 값을 치르게 될지라도 우리는 그 계획을 따르지 않으면 안 됩니다. 그리스도인의 생활이 쉽지 않을 때도 있지만, 우리 안에서 우리를 통하여 "하나님께서 일하시도록" 해드릴 때 그리스도인의 생활은 영광스러운 순례의 길이 될 것입니다. 이것이 바로 그녀가 우리와 나누고자 하는 이야기입니다.

하나님의 학교에서 배우기 위해서는 많은 값을 치러야 합니다. 하나님의 가르침들은 많은 눈물과 깊은 마음의 아픔을 통하여 아로새겨집니다. 하나님이 우리네 삶의 학교를 이끌어 가시는 분이시라면, 우리의 뜻은 "나의 뜻대로 마옵시고 주님의 뜻대로 이루어지이다"가 되어야 마땅합니다. 그렇게 할 때만이 우리는 진실로 성령의 열매를 맺을 수 있습니다.

여러 해 동안 그녀는 "매일 매일" 어떤 일이 있을 때나, 하나님의 살아 있는 말씀으로 나아가는 법을 배워 왔습니다. 하나님만이 우리의 유일한 소망이 되시기 때문입니다. 우리의 주인이시요 구주이신 주님께서는 자신의 영광과 존귀와 이름을 위하여 약속을 지키시며 우리의 생을 빚어 아름다운 것으로 만드신다는 사실을 캐롤 여사는 아름답게 그려 내고 있습니다.

그녀는 진실로 잠언 31:10-31에 나오는 바로 그러한 여인이며, 가정생활의 작은 일 하나 하나에 이르기까지 참으로 하나님을 신뢰하는 삶의 모습을 잘 보여 주고 있습니다.

라일라 트로트맨

감사의 말

몬티 엉거 형제님의 격려와 도움, 제안과 비평이 없었더라면 이 책은 아마 세상에 나오지 못했을 것입니다. 형제님께 깊은 감사를 드립니다.

네비게이토 선교회의 배가의 원리에 대한 실제적인 도움과 연구가 없었다면 나는 이 책에 쓸 이야기가 없었을 것입니다.

네비게이토의 한 사람으로서 처음 우리의 삶을 이끌어 주셨던 스킵 그레이 부부 및 우리를 계속 지도해 주신 봅 포스터 부부, 또한 일일이 이름을 다 들 수 없을 만큼 많은 분들의 도움이 아니었다면 나는 주님 의 참모습을 발견할 수 없었을 것입니다.

위의 모든 분들과 나의 삶 가운데 활력을 불어넣어 주시고 도와주시 느라 수고를 아끼지 않으신 분들께 깊은 감사를 드립니다.

10장 야이의 죽은 체자리 곁

머리말

눈물이 속눈썹을 적셨습니다. 멈추려고 애써 보았지만 흐르는 눈물을 어떻게 할 수는 없었습니다.

이제 빗줄기는 더 가늘어졌습니다. 집 안 어디선가 멀리 들려 오던 빗방울 듣는 소리가 점차 뜸해지더니 뚝 그쳤습니다.

침실을 한바퀴 휙 둘러보았습니다. 양탄자는 벗겨져서 콘크리트 바닥이 다 드러나고, 신발장 안에 있던 신발들은 침대 밑이며 의자 위에 너저분하게 널려 있었습니다. 남편은 맥이 빠져 내 옆에 앉아 있었습니다.

기운이 빠지고 낙담이 되어 우리는 그렇게 우두커니 앉아 있었습니다. 온 몸이 나른하고 기운이 없는 게 몸살이 난 것 같았습니다. 두 달 만에 다시 몰려온 맹렬한 폭우와 싸우며 집 안에 물이 넘쳐 들어오지 못하게 하느라 온 밤을 뜬눈으로 새우고 나니 두 눈은 벌겋게 충혈되어 있었습니다. 그 동안, 지난 홍수로 입은 피해를 복구하느라 부산했던 우리 집은 마치 난장판을 연상케 했습니다. 부서진 데를 고치고 보수하느라고 있는 돈 없는 돈을 다 썼는데, 두 달이 지난 지금에 이르러서는 그만 그 모든 노력들이 헛수고가 되고 말았습니다.

우리는 흠씬 두들겨 맞고 심신이 기진맥진해 있었습니다.

나는 남편을 쳐다보며 물었습니다. "여보, 하나님께서 우리에게 무엇을 가르쳐 주시려고 하시는 걸까요? 이렇게까지 하신 걸 보면 뭔가 우리에게 교훈을 주시려고 하신 것이 틀림없어요."

남편 역시 같은 생각이었습니다. 한 가지 분명했던 것은 우리 두 사람 다 집에는 돈이나 생각이나 노력을 거의 들이지 않으려 했다는 사실입니다. 우리에게는 해야 할 더 중요한 일들이 너무나 많이 쌓여 있었기 때문입니다.

그 상황을 돌이켜 볼 때, 이번 일은 하나님께서 우리로 하여금 우리가 누구이며 어디를 향해 가고 있는가 하는 관점에서 우리의 활동을 재평가해 보고, 우리가 마음에 둔 생의 목표를 따라 시간을 보내고 있는지를 다시 생각해 보도록 깨우쳐 주시기 위해 주셨다는 생각이 들었습니다.

"우리의 인생은 진지하게 생각해 볼 겨를도 없이 지나가 버리는 것 같다"는 버나드 쇼의 말이 떠올랐습니다.

나는 날마다 다음과 같은 두 가지 건전한 두려움을 가지고 살아가고 있습니다. 그 첫 번째는 내가 남편과 딸의 삶에 걸림이 되거나 실망이 되면 어쩌나 하는 두려움입니다. 그리스도께서는 "실족케 하는 일들이 있음을 인하여 세상에 화가 있도다"(마태복음 18:7)라고 말씀하셨는데, 실족케 하는 걸림돌이 된다는 것은 생각만 해도 끔찍한 일입니다.

두 번째는 나의 생애에서 하나님께서 나를 위하여 가지고 계신 계획을 한 가지라도 놓칠까 봐 두려운 것입니다. 이러한 두려움들은 하나님께서 나에게 갖기를 원하시는 모든 것에 대해서 보다 깊고 폭 넓게 생각할 수 있도록 해줍니다. 나는 나의 삶에 관여하실 수 있도록 주님께 나의 시간을 드리지 않거나, 주님께서 내게 말씀하시는 것들을 듣지 않거나, 일상적이며 바쁜 일과에 밀려 내 생활 가운데서 가장 즐겁고 만족스러운 교제의 시간을 메마르게 함으로써, 하나님이 예비하신 축복을 한 가지라도 빼앗기고 싶지는 않습니다.

나는 자라서 가지를 뻗치고 주님의 기쁨을 꽃피우기 원합니다. 나의 마음이 주님의 사랑으로 흘러 넘치기를 원합니다. 시편 기자가 "저로 영영토록 지극한 복을 받게 하시며 주의 앞에서 기쁘고 즐겁게 하시나이다"(시편 21:6)고 할 때 말한 그 기쁨을 맛보고 싶습니다. J. B. 필립스는 로마서 12:12을 다음과 같이 풀어 쓰고 있습니다. "기쁨의 근거를 그리스도 안에 있는 소망에 두십시오." 나는 이 일에 얼마나 자주 실패를 하는지 모릅니다. 나는 기쁨을 남편의 사랑, 딸의 균형 있는 성장, 안정된 생활, 즐거운 여행, 친구들에게서 찾고 있습니다. 여행 떠나는 날을 손꼽아 기다리다가 막상 여행을 시작하고 보면 그 여행이 끝날 때까지 내내 왠지 모를 불안감이 떠나지 않는 것을 경험해 보신 적은 없습니까? 무엇인가 꼭 빠진 것만 같은 생각에 불안하지 않습니까? 이렇게 느낄 때마다 나는 마음 깊은 곳으로부터 우러나오는 기쁨은 오직 예수 그리스도 안에 기초를 두고 있을 때만 누릴 수 있다는 것을 상기하곤 합니다.

그날 저녁 축축한 침실에 앉아 우리의 삶에 정말로 중요한 것은 무엇인가를 골똘히 생각해 보았을 때, 하나님께서는 우리가 가장 가치 있는 것을 위하여 우리의 남은 생을 투자해야겠다고 하는 결심을 새롭게 다져 주셨습니다. 그렇지만 어떻게 해야 이 일이 가능할까? 어떻게 하면 내가 정말로 그리스도 한 분에게만 기초를 둔 삶을 살아갈 수 있을까?

예수님께서 행하셨던 기적의 대부분은 순간적으로 완전하게 이루어졌지만, 벳새다의 소경에게 베푸셨던 기적은 전혀 그렇지 않았습니다(마가복음 8:22-25). 사람들이 그 소경을 예수님께로 데리고 와서 고쳐 주시기를 구했을 때, 예수님께서는 무리들이 보는 앞에서 그를 고쳐 주신 것이 아니라, 그의 손을 붙잡고 마을 밖으로 나가셔서, 눈에 침을 뱉으시며 그에게 안수하시고는 "무엇이 보이느냐?"고 물으셨습니다.

예수님께서 이 소경의 눈에 직접 안수하신 것으로 보아 그는 틀림없이 예수님과만 마주 대하고 있었을 것입니다. 그러나 그는 "사람들이 보이나이다. 나무 같은 것들의 걸어가는 것이 보이나이다" 하고 대답하였습니다.

이 딱한 사람은 이중으로 보고 있었습니다. 그의 시야는 초점이 맞지 않아 흔들렸습니다.

이에 예수님께서 다시 안수하시매, "저가 주목하여 보더니 나아서 만물을 밝히 보는지라"(8:25)고 마가복음에는 기록되어 있습니다.

나도 그 벳새다의 소경처럼 느끼는 때가 많습니다. 주님을 바라보려고 해도 선명하게 볼 수 없을 때가 한두 번이 아닙니다. 주님의 완전한 실상을 보려고 안간힘을 써도 똑바로 보이지가 않습니다. 주목하여 보기를 원하지만 나의 영적 시야는 여전히 흐릿할 뿐입니다.

약 20여 년 전 하나님께서는 나의 삶 가운데 일련의 작업을 시작하셨습니다. 그것은 주님께서

● 나로 하여금 주목하여 볼 수 있도록 가르치시며

● 나를 매일같이 회복시키시며

● 주님을 분명히 바라볼 수 있도록 나의 눈을 밝히시는 작업이었습니다.

이 책은 나에게 친히 안수하심으로 나를 치료하시는 하나님의 손길이 여러분에게도 뻗쳐 치료를 받을 수 있도록 도움을 드리고자 하는 바람과 기도 가운데 쓰여졌습니다.

16 꿈 많아이 걸어 온 체지하 길

1 / 갈망하는 마음

우리 차는 꾸불꾸불한 길을 따라 산을 오르고 있었습니다. 우리 뒤로
는 지나온 길이 굽이굽이 펼쳐져 있었습니다. 뒷좌석에서는 한 살배기
딸애가 장난감에 둘러싸여 즐겁게 놀고 있었습니다. 저 멀리 겨울 햇
살에 눈부신 백설을 머리에 인 샤스타 산 봉우리가 우리를 맞아 주었
습니다.

북쪽을 향해 계속 나아가는 동안 나의 마음은 들떠 있었고, 또 한편
으로는 두렵기도 했습니다.

우리는 새로운 부임지를 향해 낯선 고장으로 가고 있던 중이었습니
다. 이제부터는 전혀 다른 환경에 처하게 된다는 생각에, 내 마음은 길
을 따라 나타났다 숨었다 숨바꼭질하며 시냇물 위에서 춤추는 햇빛만
큼이나 들떠 있었습니다. 그러나 일단 산등성이를 넘어 내려갈 때부터
는 구름이 우리를 감싸기 시작하더니 그때부터 석 달 동안은 해를 볼

17

수가 없었습니다. 운전대 앞에서는 유리창 닦개가 규칙적이고 단조로운 소리를 내며 우리 앞을 가로막은 짙은 구름 숲을 헤쳐 주고 있었습니다. 바로 그때 진한 잿빛 안개 속에서 지난날들의 추억이 떠올랐습니다.

*   *   *

"하나님의 말씀은 살아 있다"는 말은 내가 어렸을 때 우리 집 부엌에 걸린 족자 안에나 쓰여 있던 문구가 아닙니다. 그것은 우리 부모님들의 삶 가운데 쓰여져 있던 말입니다. 우리 형제들과 우리 집에 자주 드나들던 사람들은 누구나 다 우리 부모님을 보고 이것을 읽을 수 있었습니다.

나는 기도를 마치고 골방을 나오시던 어머니의 뺨에 남아 있던 눈물 자국 속에서 이것을 읽을 수 있었으며, 말로써가 아니라 몸소 행하심으로써 그리스도인의 삶을 사셨던 온화하고 굳센 아버지에게서 이것을 볼 수 있었습니다.

두 분의 삶을 통해서 그리스도를 볼 수 있긴 했지만, 그러나 여전히 내게 그리스도는 멀리 계시는 분이었습니다. 하나님께서 우리 부모님들의 기도를 들어주신다는 것을 알고 있었지만, 과연 내가 받은 기도 응답도 정말 두 분이 함께 기도해 주셨기 때문에 받은 것일까 하는 의심이 들기도 했습니다. 어쨌든 나는 하나님이 정말로 나와 함께 계시다는 사실을 실감해 본 적이 없었으나, 나에게는 하나님께 대해 특별한 관심을 불러일으켜 준 것이 두 가지 있었습니다.

그 한 가지는 성깔 문제였는데, 아직 말도 못하던 철부지였을 적에도 나는 화만 나면, 얼굴이 새파랗게 질리고 숨을 내쉬지 못하는 것이었습니다. 이로 인한 어머니의 걱정은 대단하셨는데, 의사 선생님은 내가 의식을 잃을 정도로 오랫동안 숨을 멈추고 있어도 저절로 다시 숨을 쉬게 될 테니까 걱정하지 말라고 어머니를 안심시켜 주었습니다.

좀더 커서 말을 할 수 있을 때가 되어서도 그 버릇은 고쳐지지 않았습니다. 어떤 때는 어찌나 심하게 화를 냈던지 머리를 벽에다 부딪고 누구든지 가까이 다가오는 사람이 있으면 사정없이 두들겨 팰 정도로 자제력을 잃곤 했습니다.

두 번째로, 나는 예수 그리스도께서 하나님의 자녀들을 데리러 언젠가 이 땅에 다시 오시리라는 것을 배웠습니다. 바로 하나님의 자녀들만을 데리러 말입니다. 12살이 되던 해, 나는 하나님은 손자가 없다는 말이 무슨 말인가를 깨닫게 되었습니다. 내가 하나님의 가정에 입양되어 양자가 되지 않았다면 나는 하나님께 속하지 않은 것이요, 따라서 주님께서 자기 가족들을 데리러 오실 때 나는 뒤에 남게 될 것이라는 사실이었습니다.

주일 학교에서 나는 이런 말씀을 배웠습니다. "천사장의 목소리와 하나님의 나팔 소리와 함께 주께서 친히 호령하시면서 하늘로부터 내려오실 때, 그리스도 안에서 죽은 자들이 먼저 살아나고 다음으로는 살아 남아 있는 우리가 그들과 함께 구름에 싸여 올라가 공중에서 주를 만나게 될 것입니다"(데살로니가전서 4:16-17, 새번역).

나는 상상의 나래를 펴서 주님께서 오시는 것을 속으로 그려 보았습니다. '아버지도 어머니도, 내가 아는 사람들, 내가 사랑하고 있는 수많은 사람들이 홀연히 사라져 버리고 말겠지. 그리고 나는 뒤에 남게 되겠지. 나만 홀로 쓸쓸히 말이다.'

때때로 밤이 되면 숨막히는 두려움이 몰려와 나를 사로잡기도 했습니다. 한밤중에 자리에 꼼짝 않고 누워서 바짝 긴장한 채, 집안에서 들려 오는 소리에 가만히 귀를 기울이는 때도 있었습니다. 부모님이 침실에서 주무시면서 몸을 뒤척일 때 나는 침대 스프링의 삐걱거리는 소리, 아버지의 낮게 코를 고시는 소리, 누군가가 몸을 조금씩 움직이는 소리… 주위가 조용해지면 나는 침대에서 내려와 두근거리는 가슴을 안고 발끝으로 살금살금 다가가 침실 문틈으로 엿보곤 했는데, 두 분이 쓰시는 커다랗고 오래된 침대가 비어 있으면 재빨리 도망하려는 것이었습니다.

그 당시 나는, 하나님께서 나를 사랑하시며, 따라서 내가 느끼고 있던 두려움과 소외감은 하나님께서 주신 것이 아니라는 사실을 알고 있었습니다. 하나님은 나를 용서하시기 위해 엄청난 값을 치르셨습니다. 하나님은 나를 자기의 양자로 삼으시기 위해 자기의 아들을 십자가에서 죽게 하셨습니다. 하나님의 사랑이 하나님의 아들로 하여금 기꺼이 하늘나라를 떠나 나를 대신하여 그 같은 고통을 받게 하신 것입니다. 그분이 나의 죄악에 대한 형벌을 기꺼이 감당하셨던 것은 바로 나를 사랑하셨기 때문이었습니다.

그러나 결과적으로 내가 하나님의 가족의 일원이 되었던 것은 그 크신 사랑을 잃어버리면 어떻게 하나 하는 두려움 때문이었습니다.

어느 날 밤 나는 그러한 두려움을 가진 상태로는 한시라도 더 살 수 없다는 것을 알고 어머니께 나의 마음을 모두 털어놓았습니다. 어머니는 내게 하나님의 자녀가 되기 위해서는 예수님께 마음 가운데 들어와 주시도록 구하기만 하면 된다고 말씀해 주셨습니다. 하나님의 말씀이 그것을 분명하게 보여 주고 있습니다. "영접하는 자, 곧 그 이름을 믿는 자들에게는 하나님의 자녀가 되는 권세를 주셨으니"(요한복음 1:12).

나는 내 방에서 어머니와 함께 무릎을 꿇고 예수님께 내 안에 들어오시도록 간구했습니다.

바로 그때 예수님께서 내 안에 들어오셨다는 것을 나는 여러 가지 이유에서 확신하고 있습니다. 두드러지는 두 가지의 이유가 있습니다. 나는 자제할 수 없을 정도로 심한 성깔을 부리지 않게 되었으며(비록 지금도 화를 낼 때가 있지만), 주님께서 오셔서 나만 남겨 두고 가시면 어쩌나 하는 두려움에서 벗어날 수 있게 된 것입니다.

그 후 몇 년 동안 나는 신체적으로는 성인으로 성장해 갔지만, 영적인 성장은 잠깐 반짝하고 말았을 뿐 거의 정지된 상태였고 때로는 후퇴하기조차 했습니다. 그렇지만 나는 하나님이 계시다는 사실은 의심할 수가 없었습니다. 내가 열네 살 되던 해, 이것을 입증해 준 한 가지 잊을 수 없는 사건이 있었습니다.

중요한 수술로 어머니가 3주 동안 병원에 입원하셨던 적이 있었습니다. 그러던 어느 토요일, 나는 아버지의 눈물을 생전 처음으로 목격했습니다. 아버지는 내게 말씀하셨습니다. "네 어머니가 죽어 가고 있다. 몇 시간을 주기로 크게 위급한 상태가 반복되고 있단다. 심장의 박동이 멈춘 적도 있었다고 하더라. 의사 선생님은 네 어머니가 얼마 더 살지 못할 거라고 하는구나."

청천벽력 같은 소리였습니다. 도저히 믿어지지 않았습니다.

그 이튿날 아침, 마치 내 기분을 말해 주고 있기나 하듯, 하늘은 잔뜩 찌푸려 있었습니다. 나는 속으로 흐느끼며 길을 걸었습니다. "하나님 아버지, 그럴 수는 없어요. 제발 우리 엄마가 죽지 않게 해주세요. 내게는 엄마가 있어야 돼요. 아빠에게도 엄마가 있어야 돼요. 우리는 모두 다 엄마를 필요로 해요… 나는 주님께서 엄마를 고쳐 주실는지 정말로 알고 싶어요. 엄마를 살려 주실지 제게 말씀 좀 해주시겠어요? 제발 어떻게 해서든지 제게 좀 보여 주세요. 주님!" 이렇게 나는 간절히 기도했습니다.

이렇게 기도해 놓고서 나는 난처해졌습니다. 어떤 방법으로 보여 달라고 구한다지? 나는 머리 위에 시커멓게 몰려 있는 구름을 쳐다보면서 얼결에 "주님, 엄마를 낫게 해주실 것이라면 지금 저 구름 사이로 햇빛이 비치도록 해주세요"라고 말했습니다.

거의 순간적으로, 구름이 갈라지면서 햇빛이 쏟아져 내렸습니다. 곧 이어 틈은 다시 메워져 버렸습니다.

그렇지만 나는 알았습니다.

사흘 후 우리 형제들이 거실의 낡은 청색 카펫 위에서 무릎을 꿇고 기도드리고 있을 때 전화벨이 울렸습니다. 아빠의 기뻐하시는 목소리가 수화기를 통해서 들려 왔습니다. "위험한 순간은 지나갔다. 엄마는 곧 낫게 될 것이다."

하나님께서 함께하셨다는 사실을 내가 어찌 의심할 수 있었겠습니까?

우리 집에서나, 작은 목조 교회당에서나, 대학에서 나는 하나님에 관한 진리를 배웠습니다. 그러나 주님을 바라보는 나의 시야는 여전히 또렷하지가 못했습니다. 때때로 나의 삶에 나타난 주님의 강한 손길은 내게 결핍되어 있는 것이 무엇인지를 분명하게 깨닫게 해주었습니다. 그렇지만 어떻게 해야 날마다 하나님을 만질 수 있단 말인가? 아니면, 벳새다의 소경처럼 어떻게 해야 하나님께서 나를 만지시게 할 수 있단 말인가?

나는 성경을 읽긴 했지만, 자주 하품을 하는 편이었습니다.

나는 기도 응답도 받아 봤지만, 날마다 일상적인 일들 가운데서 하나님을 찾는 일은 극히 드물었습니다.

나는 어떻게 해서라도 이 상태에 머물러 있어서는 안 되겠다는 것을 알았습니다.

나는 하나님과 함께 새롭게 시작하는 멋있는 삶을 갈망했습니다.

나는 평범한 생활을 끝내고 "기적의 비행기"를 타고 살아가는 삶을 시작하기를 원했습니다.

나는 진실을 향해 손을 내밀어… 뻗쳐 보고… 움켜쥐어 보았지만, 구름을 잡는 것 같았습니다.

*　　*　　*

고속도로의 인터체인지에 들어서서야 비로소 나는 현실로 되돌아왔습니다. 북서부 "장미의 고장"인 포틀랜드가 우리 눈앞에 펼쳐졌습니다. 우리들 앞에 무엇이 놓여 있을까? 나는 한 청소년 지도자의 아내요, 한 돌배기 어린 딸의 어머니였습니다. 한 아내요, 한 어머니로서 나의 마음은 한편 행복하기도 했지만, 또 한편으로는 실망이 되고 편치를 못했습니다. 내 마음은 계속해서 울부짖고 있었습니다. "나를 만져 주시옵소서. 오, 주님, 나를 만져 주시옵소서."

필요한 것은 기도밖에는 없었습니다.

24 장 에이이 결어 은 제자인 긴

2 / 자라 가는 마음

남편은 빨간 머리에, 나는 성미가 급합니다.

처음 5년 동안 우리의 결혼 생활은 안정이 되어 있질 않았습니다. 두 사람 사이에 의견 충돌이 매우 잦았습니다. 데이비드 옥스버거가 지적했듯이 "심지어는 충돌을 위한 충돌"일지라도, 그러한 충돌을 통해서 부부간의 행복이 얻어지는 것이 사실인 것 같습니다. 성공적인 결혼 생활의 비결은 서로의 차이를 어떻게 극복해 나가느냐에 있습니다. 그 당시 우리는 이 사실을 알지 못했습니다. 우리의 결혼 생활은 실패작에 가까운 것처럼 보였습니다.

나의 일은 남편 잭을 행복하게 해주는 것이요, 그를 훌륭한 사람이 되게 하는 것은 하나님께서 하시는 일이라는 것 정도는 나도 기본적으로는 알고 있었습니다. 그렇지만 어쩐지 하나님께서 나의 도움을 필요로 하시는 것같이 느껴졌습니다.

25

우리의 관계에 있어서 나타났던 한 가지 양상을 예로 들면 다음과 같습니다. 내가 싫어하는 것을 남편이 말하거나 행하면 나는 화가 나기 시작합니다. 그러면 나는 차가운 침묵으로 적의에 찬 분노를 나타냅니다. 격했던 감정이 사그라지면, 누군가 한 사람이 사과를 하게 되고 다툼은 끝이 납니다. 하지만 이런 일이 다음에 다시 되풀이됩니다.

문제는, 이처럼 다투는 일이 점점 더 잦아졌지만, 아무런 변화도 없었다는 것이었습니다.

우리는 이것을 알고 있었으며, 이것에 대해서 이야기까지 했습니다. 하지만 어떻게 해야 좋은지 알 수가 없었습니다. 이것이 우리 가정의 내적인 평안을 잠식해 들어 왔습니다.

다만 이뿐 아니라, 우리가 하고 있던 일에 한 가지 문제가 있어 점점 걱정거리가 되기 시작했습니다. 교회에서 청소년들을 대상으로 일한다는 것은 도전과 좌절을, 그리고 기쁨과 실망을 동시에 가져다 주며, 많은 신경을 써야 하는 일인 동시에 그만큼 창조적이며 보상이 뒤따르는 일입니다. 그것은 분명 지루한 일은 아닙니다.

우리는 그 일을 좋아했습니다. 우리가 맡고 있던 청소년들의 수는 나날이 늘어갔습니다. 바로 그것이 문제였습니다. 해야 할 일은 태산 같고, 시간은 없고….

우리에게는 정말 도움이 필요했습니다. 기꺼이 자발적으로 참여해서 도움을 줄 수 있는, 영적으로 성장한 경건하고 혁신적인 성인 지도자들이 더 필요했습니다.

교회에는 이 일에 믿을 수 없을 만큼 굉장한 노력과 시간을 드리는 사람들도 몇몇 있긴 했지만, 대부분의 사람들은 거의 또는 아예 관심조차 두질 않았습니다. 지도자 훈련반에 참석한 사람들을 보면 이미 다 교회에서 책임을 맡고 있는 사람들이었습니다. 이 문제가 우리의 애를 태웠습니다. 어떻게 더 많은 사람들에게 동기를 주고 훈련을 시켜 다른 사람들을 돕게 할 수 있을까?

우리에게는 이 지극히 중요한 문제에 대한 해결책이 없었습니다.

그런데, 예사롭지 않게, 우리에게 일어났던 일련의 몇 가지 사건들이 우리의 삶을 변화시키고 또 이 문제들에 대한 해결책을 가져다 주었습니다.

포틀랜드로 이사온 지 얼마 되지 않아, 한 친구가 부근 도시에서 열리고 있던 수양회에 남편 잭을 초청했습니다. 마지못해 남편은 다가오는 토요일 오전에 참석하기로 했는데, 자의반 타의반으로 된 이 작은 결정은 우리 삶의 방향을 바꾸어 놓았습니다.

수양회에서 설교가 끝난 다음에는 몇몇 사람들이 짤막한 간증을 했습니다. 그 사람들의 직업은 사업가, 학생, 목사, 군인 등으로 다양했습니다. 성격이 다르고 살아가는 방법이 여러 가지로 달랐지만, 그들이 말하고 있던 바는 한결같이 한 가지였습니다.

그들은 각기 다 한 사람씩 그리스도께 인도한 다음, "영적인 부모"가 되어 그들을 체계적으로 주의 깊게 돌보아 주었습니다. 이렇게 해서 그리스도인으로서 불안정한 첫걸음을 올바로 내디딜 수 있도록 도와주는 것이었습니다. 그가 안정된 발걸음을 내디딜 수 있을 때도 도움을 멈추지 않고 계속해서 영양을 공급해 줌으로써 그의 발걸음을 더욱 굳게 해주고, 나아가서는 그가 혼자 힘으로도 서서 걸을 수 있는 그리스도의 성숙한 제자로 살아가도록 도와주는 것이었습니다.

단지 이것으로 그치는 것이 아니었습니다. 성장을 도와주는 방법들은 매우 효과적이어서 도움을 받은 사람들은 또 다른 사람들에게 그리스도를 전할 수 있게 되었습니다. 마찬가지 방법으로 이제는 그들이 그 사람들을 그리스도 안에서 자라 가도록 도왔습니다. 이것이 바로 폭발적인 성장의 원리를 실천에 옮긴 배가의 과정이었던 것입니다.

남편은 안개 속에서 한 줄기 빛을 발견했다고 생각했습니다. 바로 이것이 교회에서 사람들에게 동기를 주고 훈련을 시켜 청소년들을 돕도록 할 수 있는 방법이 아니겠는가?

그 토요일 오후 남편은 수양회에서 돌아와, 혼자서 자문자답해 보았습니다. "성숙한 그리스도인으로 자라 가기를 열망하는 갓 거듭난 한 그리스도인이 여기에 앉아 있다고 하자. 나는 그에게 무엇을 말해 주겠는가? 나는 그를 개인적으로 어떻게 도와줄 수 있겠는가? 그리스도 안에서 그의 성장을 보장해 주기 위해서는 그에게 무엇을 알고 또 무엇을 행하라고 해야 되겠는가?"

중요한 말은 그의 성장을 보장해 준다는 것입니다. 우리는 주먹구구식으로 도와 왔기 때문에 실패할 때조차도 있었습니다. 그 당시 사용되고 있던 방법은 어린 그리스도인들을 될 수 있는 대로 교회 활동에 많이 참여시키고 그 후에는 잘 되겠지 하고 막연히 기대하는 것이었습니다. 그렇게 해서 성장해 가는 사람들도 있었지만, 자라지 못하고 떨어져 나가는 사람들도 많았습니다.

그때 문득, 남편은 어린 그리스도인에게 그가 알고 있는 것을 이야기해 준다면, 채 한 시간도 못 되어서 이야깃거리가 바닥이 나리라는 사실을 깨닫게 되었습니다. 대학을 나오고 신학교도 나왔지만, 그는 한 개인의 영적인 성장을 돕는 데 필요한 방법을 알지 못했습니다. 아마도 그는 머리 속에 뱅뱅 맴도는 지식을 가지고는 있었겠지만, 그 지식과 그것을 실제적으로 활용하는 것은 별개의 문제였습니다. 그는 도움이 필요하다는 것을 알았습니다.

하나님께서는 그를 오랫동안 기다리도록 놔두지 않으셨습니다. 스킵 그레이라는 한 젊은이가 그 다음주에 우리 대학부에서 말씀을 전하게 되었습니다. 그는 매우 간단하면서도 깊은 의미를 전달해 주는 방법으로 말씀을 전했습니다. 우리는 누구나 다 쉽게 이해해 자기 것으로 소화해서 그 말씀의 살아 있는 의미를 깨닫게 되었습니다.

그는 하나님의 말씀을 섭취하고 삶에 적용하는 실제적인 방법에 관해 나누었습니다. 신학교를 다닌 적이 없었지만, 그가 성경 말씀을 사용하고 개인적으로 삶에 적용하는 방법은 우리에게 무척이나 인상적이었습니다. 그래서 남편은 그를 점심에 초대했습니다.

남편은 성경의 모든 책들을 헬라어, 히브리어 및 영어로 가르치는 신학교를 나왔습니다. 그래서 그는 구원론이라든가 종말론, 성서 주석이라든가 해석학, 또는 교회론 등에 대해서 알고 이야기할 수 있었습니다. 그는 신학도 배우지 않은 한 젊은이의 이야기를 대수롭지 않게 무시해 버리거나 도리어 그를 가르칠 수도 있었습니다.

그러나, 그날 남편은 배우는 자가 되었습니다. 그리고 오늘에 이르기까지 그는 계속해서 배우는 자가 되었습니다.

솔로몬은 다음과 같이 말했습니다.

> 내 아들아, 네가 만일 나의 말을 받으며, 나의 계명을 네게 간직하며, 네 귀를 지혜에 기울이며, 네 마음을 명철에 두며, 지식을 불러 구하며, 명철을 얻으려고 소리를 높이며, 은을 구하는 것같이 그것을 구하며, 감추인 보배를 찾는 것같이 그것을 찾으면, 여호와 경외하기를 깨달으며 하나님을 알게 되리니, 대저 여호와는 지혜를 주시며 지식과 명철을 그 입에서 내심이며. (잠언 2:1-6)

그 다음 4개월 동안, 남편은 집중적으로 스킵 그레이를 통해 실제적인 지식을 배워 나갔습니다. 두 사람은 가능한 모든 시간들을 함께 보냈습니다. 솔직히 말해서, 나는 그들이 그 많은 시간 동안 무슨 할 이야기가 그렇게 많은지 의아하기 짝이 없었습니다. 처음에는 그저, "아마 남편은 얼마 가지 않아 싫증을 내게 될 거다. 그때까지 참기로 하자"고 생각하고 말았습니다.

그렇지만 날이 가고 달이 가면서, 나의 인내심에 남편이 나와 함께 보내지 못하는 시간들에 대한 시기심으로 점차 구멍이 뚫리기 시작했습니다.

남편은 어떻게 해서든지 한 개인의 영적인 성장을 보장해 줄 수 있는 방법을 배우려고 했습니다. 그러나 내적으로, 그는 그 어느 때보다 더 하나님을 깊이 배워 가고 있었습니다. 그때는 몰랐지만, 이로 인해 가장 먼저 영향을 받았던 사람은 바로 나였습니다.

3 / 묵상하는 마음

그로부터 두 달이 지난 어느 날 저녁, 현관문을 들어서면서 남편은 큰 소리로 "여보, 별일 없었소?" 하고 소리쳤습니다.

나는 아무 말도 없이 그를 맞았습니다. 좀 있다가 마지못해, "잘 지냈어요" 하고 부엌에서 차가운 목소리로 대답했습니다.

결코 잘 지냈던 것이 아니었습니다. 나의 쌀쌀한 목소리를 듣고 그는 틀림없이 이것을 눈치챘을 것입니다.

"왜 그러오?" 그는 부엌으로 들어오면서 캐물었습니다. "아무것도 아녜요." 나는 감정을 죽이며 담담한 목소리로 대꾸했습니다. "당신 뭔가 못마땅한 게 있어. 그게 뭐요?" 계속해서 그가 추궁했습니다.

사실 나는 그가 그렇게 나와 주기를 바랐습니다. 그가 이처럼 계속해서 캐묻지 않았다면 내 상태는 더욱 악화되었을 것입니다. 그 동안 결혼 생활을 통해 남편도 그 정도는 알아차릴 수 있을 정도였습니다.

이처럼 속에서 끓어오르는 감정은 분노의 불꽃이 되어 하루종일 피어올랐습니다.

늘 이런 식이었습니다. 그러나 그날 저녁엔 내가 전혀 예상하지 못했던 약간 색다른 일이 일어났습니다. 전 같으면 불쾌하다는 듯이 곧바로 내게 반격해 왔을 남편이 이번에는 사랑과 애정이 가득한 눈길로 나를 바라볼 뿐이었습니다. "그래, 당신이 옳을지도 몰라. 함께 기도하기로 합시다" 하고 말하는 것이었습니다.

처음에는 나는 놀라고 당황했습니다. 나중에는 부끄러워졌습니다. 나는 금방이라도 마음속의 더러운 찌끼를 씻어 내버리고 싶었습니다.

우리는 그것에 관해 기도했습니다. 우리들이라기보다는 남편이라고 해야 옳겠죠. 나는 얼떨떨해 가지고 한 마디도 제대로 말 할 수가 없었습니다.

하나님께서 남편의 삶 가운데 역사하셔서 뭔가 변화를 일으키고 계신다는 사실이 나에게는 충격적이었습니다. 내가 화를 낼 때면, 그는 보통 이런 식의 반응을 보이지 않았던 것입니다. 그때 나는 만일 내가 하나님과 깊은 교제를 통해서 하나님께서 말씀해 주시는 진리를 배워 가지 않는다면, 남편과 나 사이에는 영적으로 엄청난 차이가 생기게 될 것이라는 사실을 깨닫게 되었습니다.

물론 이것은 하나님께서 내 삶 가운데 역사하시도록 해드리는 데 대한 순수한 동기는 되지 못했습니다. 그렇지만 하나님께서는 그러한 동기까지도 기꺼이 사용해 주실 만큼 나를 끔찍이 사랑하셨습니다.

하나님께서는 남편의 태도에 뭔가 변화를 가져다 주셨습니다. 나는 그것을 확실히 알 수 있었습니다. 그렇지만 어떻게 그런 변화가 가능했는지 알 수 없었습니다. 당시 그가 암송하고 있던 성경 말씀과 무슨 관련이 있나 보다고 막연하게 생각하고 있었을 뿐 확신은 없었습니다.

나중에야 안 사실은, 내가 화를 낼 때면 남편도 당장에 나에게 반박해주고 싶었지만, 그때마다 그가 암송한 성경 말씀이 그렇게 하지 못하도록 해준다는 것이었습니다. 그 말씀은 "너희에게 인내가 필요함은 너희가 하나님의 뜻을 행한 후에 약속을 받기 위함이라"(히브리서 10:36)는 말씀이었습니다. 원래의 의미와는 약간 거리가 있었지만, 이 말다툼에 관련시켜서도 적용할 수 있는 말씀이었습니다.

그날 저녁까지만 해도 나는 성경 암송을 하고 싶은 생각은 전혀 없었습니다. 그것은 나를 온통 바쁘게 하는 매우 까다로운 일로 여겨졌습니다. 주일학교에 다니던 때는 성경을 암송했었는데, 그때는 그렇게 하는 것이 적합하다고 생각되었던 것입니다.

그러나 이제는 어른이 되었고, 한 청소년 지도자의 아내가 되었습니다. 무작정 성경을 암송한다는 것이 내게는 더 이상 아무런 매력도 주지 못했습니다. 나는 이 암송을 하기 위해 훈련해야 할 이유가 아무것도 없었습니다. 그런데 바로 한 가지 이유가 내 목전에 혜성처럼 나타났습니다.

후에 나는 이런 말을 들었습니다. "나는 성경을 머리로만 암송하곤 했지만, 지금은 그것을 **마음판에 새깁니다.**"

나도 그렇게 하는 것을 좋아합니다. 나는 그때부터 성경을 "마음판에 새기기" 시작했고, 바로 이 놀라운 방법을 통해서 하나님께서는 나의 성격을 바꾸어 가기 시작하셨습니다. 나는 자주 "하나님이 당신의 삶을 변화시켜 주시기를 원한다면 성경을 암송하십시오"라고 말합니다. 당신이 하나님의 말씀을 마음판에 새기기만 하면 하나님께서는 틀림없이 그렇게 하시기 때문입니다.

놀라운 일들이 일어나기 시작했습니다. 그 일들 가운데는 마음에 드는 것들도 있었지만, 싫은 것들도 있었습니다. 내 성격 가운데는 단호

한 수술을 필요로 하는 영역들이 많다는 것을 알고 있긴 했지만, 자르고 끊어 내는 과정이 여간 고통스러운 게 아니었습니다.

어느 날 오후, 우리 몇몇 사람들이 기도 모임을 갖기 위해 모였습니다. 차를 들면서 우리는 서로 기도 제목을 나누었습니다.

나는 한숨을 쉬면서 말했습니다. "저어, 수우를 위해서 기도했으면 좋겠어요. 그녀는 지금 결혼 생활에 어려움을 겪고 있어요. 그녀의 남편이 근래에 들어 무척 신경질적이 된 데다가…" 나는 그 다음 말을 마저 이을 수가 없었습니다. 마치 하늘로부터 직접 하나님의 음성이 내 마음속에 들려 오는 것 같았기 때문입니다. "캐롤(그분은 내게 굉장히 가깝게 여겨졌습니다), '두루 다니며 한담하는 자는 남의 비밀을 누설하나, 마음이 신실한 자는 그런 것을 숨기느니라'(잠언 11:13)."

나중에 그 일에 대해 생각하면 웃음이 나왔습니다. 디모데후서 3:16-17을 읽으면서 나는 하나님의 말씀이 우리를 교훈하며, 책망하고, 바르게 하고, 의로 교육하기에 유익하다는 사실을 알았는데, 바로 내가 철저하게 책망을 받았던 것입니다.

또 한번은 우리 딸 린이 울면서 집에 들어오는 것이었습니다. "엄마, 낸시가 나랑 놀지 않는데. 걔는 내가 맨날 나 하고 싶은 대로만 하며 저를 부려먹는다고 말했어. 또…"라고 말하면서 엉엉 울었습니다. 나는 귀를 닫고 들으려고 하지 않아, 나머지 말은 겨우 반밖에 알아들을 수 없었습니다. 한 가지 말씀이 마음속에 떠올랐습니다.

잠언 18:2에서 하나님의 검은 바로 정곡을 찌르고 있었습니다. "캐롤, '미련한 자는 명철을 기뻐하지 아니하고 자기의 의사를 드러내기만 기뻐하느니라.'"

나는 마루 바닥에 주저앉아 울고 있는 린에게 다가가 마주 앉아서 그 애의 말에 **귀를 바짝** 기울여 주었습니다. 나의 말을 하기에 앞서 나는 그 애가 하는 말을 끝까지 들어 주었던 것입니다.

이 구절은 내가 민감하게 듣는 자가 될 수 있도록 계속해서 큰 도움을 주어 왔습니다. 나는 성미가 급해서 잘 참고 듣지를 못하지만, 하나님께서는 언제나 신실하게 주위 사람들의 말에 귀를 기울이도록 나를 깨우쳐 주셨습니다.

가르침은 날마다 계속되었습니다. 바로 얼마 전 남편은 해외에 나가 있었는데, 그는 내게 꼬박꼬박 편지를 해주지 않는 것이었습니다. "그인 내가 여기 홀로 남아 애를 태우고 있다는 것을 생각조차도 않나 봐. 그는 내가 그를 사랑하는 것처럼 나를 사랑하지도 않아"라고 생각하는 정도를 넘어 나는 별별 상상을 다 하게 되었습니다.

자기 연민이라는 가장 바람직하지 못한 실내 운동에 빠져 있을 때, 성령께서는 근래 새로 암송한 구절을 통해서 내게 말씀해 주셨습니다. "만일 여러분이 어느 누구를 사랑한다면 어떠한 희생을 치르더라도 그에게 성의를 다할 것입니다. 여러분은 항상 그를 믿고 그에게 최선을 기대하고 또 언제나 그를 지킬 것입니다"(고린도전서 13:7, 현대어성서).

나는 기도했습니다. "주님, 저를 도와주십시오. 저를 용서해 주시고 제 마음의 이런 부정적인 생각들을 깨끗하게 해주십시오. 쓸데없는 생각에 빠지지 않도록 저를 지켜 주옵소서."

하나님의 말씀이 내 마음속에 살아 움직이게 되면서, 하나님께서는 나의 습관과 생각과 욕망을 변화시키셨습니다. 내게 말씀의 능력이 가장 필요한 때는 보통 내가 말씀을 가까이 하지 않을 때입니다. 그러나 성령께서 하나님의 말씀을 사용하셔서 나의 삶을 변화시킬 수 있도록 하게 하기 위해서는 하나님의 말씀을 늘 마음속에 간직하고 있어야 합니다. 성령께서는 하나님의 말씀을, 어루만져 주는 손길과 같이, 때로는 검과 같이, 또 필요할 때면 머리를 내리치는 방망이와도 같이 사용합니다.

나는 체계적으로 성경을 암송하기 시작해 일주일에 2-3구절씩, 장절과 함께 외었습니다. 성경 구절을 암송할 때, 본문 암송을 시작하기 전과 다 끝내고 난 뒤 반복해서 장절도 함께 외면, 그 성경 구절의 '주소'를 기억하는 데 도움이 되었습니다. 또, 한번 암송한 구절을 계속해서 기억하고 있기가 어떤 구절을 새로 암송하기보다 훨씬 더 어렵다는 사실을 깨닫게 되었습니다.

우리들은 대부분 우리 인생의 7년이란 기간을 그냥 기다리는 데 소모해 버린다는 말을 들어 왔습니다. 의사를 기다리고, 친구를 기다리고, 저녁 식사를 기다리고, 그 밖에 여러 기다리는 시간들을 생각해 볼 때, 내 경우에 있어서는 그 시간들이 오히려 7년도 더 되겠다는 결론에 도달했습니다. 그렇게 낭비되는, "기다리는 시간"들을 모아 사용할 수 있다면, 영적으로 얼마나 더 부유해질 수 있겠는가?

그래서 나는 조그만 카드에 성경 구절을 적어서 가지고 다니기 시작했습니다. 기다리는 시간들을 이용해서뿐만 아니라, 차를 타고 있을 때, 다리미질을 하면서, 또 청소를 하면서 이 구절들을 복습했습니다. 이것들을 복습하다 보면, 당연히 그 내용들에 대해서도 **묵상**하지 않을 수 없었습니다.

잠언 23:7의 진리를 깨닫게 되었던 것도 바로 이 구절들을 암송하고 복습하게 되면서부터였습니다. "대저 그 마음의 생각이 어떠하면 그 위인도 그러한즉."

나는 때때로 농사짓는 데나 써먹을 수 있을 늙고 느린 말을 타고 다니며 장사하겠다는 식의 황당하고 엉뚱한 상상에 빠져 듭니다. 의사와의 약속이나 팔의 통증으로부터 발단된 생각은 급기야는 나의 임종 장

면으로까지 줄달음치게 됩니다. 이처럼 우울한 생각에 젖을 때면, 나는 두 뺨에 눈물을 흘리며 정처 없이 차를 몰아 가곤 합니다.

이 얼마나 쓸데없는 생각으로 시간을 낭비하고 있는 셈입니까?

우리에게 상상하고, 따지고, 생각할 수 있는 두뇌를 주신 분은 하나님이십니다. 하나님께서는 하나님을 영화롭게 하는 일에 사용하라고 이것을 우리에게 주셨습니다.

나는 이 선물을 잘 사용하지 못하고 버려 둘 때가 많습니다. 이것을 알고, 나는 어느 날 두 시간 동안 혼자 차를 타고 여행할 기회가 있어서 성경 구절을 체계적인 방법으로 묵상해야겠다고 마음먹었습니다. 그래서 나는 그날 아침 한 가지 묵상법을 활용해 보게 되었는데, 이것은 그날 그 여행은 물론 나의 삶에 커다란 변화를 가져다 주었습니다.

시편 23편이 이것을 시작하기에 좋은 것 같습니다. 그 방법은 다음과 같습니다.

첫째, 질문을 하십시오

그 시편은 "여호와는 나의 목자시니"라고 시작합니다. 이 구절에 대해서 나는 다음과 같은 질문을 해봅니다. 어떤 점에 있어서 주님은 나의 목자인가? (이 대답을 하는 데는 15분 정도가 걸렸습니다!) 주님이 나의 목자임을 경험하는 때는 언제인가?

나는 그리스도께서 나를 인도하시고 보호해 주시는 것을 통해서 그가 나의 목자가 되신다는 사실을 경험했습니다.

이 묵상을 하기 바로 얼마 전의 일입니다. 우리 집에서 차로 약 30분 정도 걸리는 곳에서 열린 교회 모임에 딸아이를 태워다 주고 돌아오려고 할 때, 비가 억수로 퍼붓기 시작하는 것이었습니다. 집으로 돌아오려고 차에 시동을 걸며 나는 먼저 왔던 고속도로를 통과해야 할지, 아니면 더 먼 길로 돌아서 와야 할지를 보여 달라고 하나님께 기도하였습니다. 하나님께서는 고속도로로는 가지 말라고 지시해 주시는 것 같았습니다.

그것은 내가 겪었던 가장 두려운 운전 경험 가운데 하나였습니다. 길은 온통 물바다가 되어 있었습니다. 브레이크가 물에 젖어 차를 멈춰 세우기가 어려웠고, 끊어진 고압선에서 스파크가 일어나 잔디에는 불이 붙어 타고 있었으며, 도로는 그 전선들의 탁탁거리며 불꽃 튀기는 소리로 요란했습니다. 시가지에는 대부분 다 전기가 나가 쏟아지는 빗속에 시야를 더욱 어렵게 만들었습니다. 나는 결코 백 퍼센트는 믿을 수 없는 이 자동차가 그만 딱 멈추어 서버리면 어떡하나 걱정이 되었습니다.

여기저기 도로가 물에 완전히 잠겨, 집에까지 오기 위해서는 몇 킬로나 더 먼 길을 돌아와야만 했습니다. 두 시간이 지나서야 가까스로 집에 도착했는데 온 몸이 녹초가 되어 있었습니다. 그러나, 집에까지 오는 동안 계속해서 나의 힘을 북돋워 준 말씀이 있었습니다. "네가 물 가운데로 지날 때에 내가 함께할 것이라. 강을 건널 때에 물이 너를 침몰치 못할 것이며"(이사야 43:2).

그 다음날 신문에 한 여인에 관한 기사가 실려 있었습니다. 그녀는 12살 난 딸과 함께 바로 그 전날 같은 시각에 내가 이용할 뻔했던 그 고속도로로 진입하려고 지하차도를 빠져나가려다 거의 4m 깊이나 되는 물살에 휩쓸려 떠내려갔는데, 때마침 그곳을 지나던 사람이 뛰어들어 그들을 구해 냈다는 것이었습니다.

정말 그렇습니다. 하나님께서는 나의 목자가 되셔서, 갖가지 상황에서 구체적인 방법으로 나를 인도해 주셨습니다.

"내가 부족함이 없으리로다." 이 말의 참된 의미는 무엇일까? 아무

것도 모자라는 게 없을 거라는 말인가? 어떤 영역에서 나는 이런 경험을 해보았는가? 주님께서 어떻게 나의 필요를 충족시켜 줄 수 있다는 말인가? 당신은 그리스도를 더 알아 가면 갈수록 더 부족함이 없는 삶을 살아가게 된다는 놀라운 사실에 대해서 생각해 보았습니까? 주님께서는 스스로 우리가 필요로 하는 것은 무엇이나 다 되실 수 있는 능력을 가지고 계신 분이라고 말씀하셨습니다. 평안이 필요합니까? 주님이 바로 평안입니다. 안전이 필요합니까? 주님이 바로 안전이 되십니다. 나의 필요가 무엇이든 주님이 바로 그 필요에 대한 완전한 해결책이 되어 주십니다.

그때 두려움 가운데 빗속을 달리고 있던 내게 필요한 것이 몇 가지 있었습니다. 내게는 그 두려움을 이길 수 있는 힘이 필요했습니다. 안전에 대한 내적인 평안이 필요했습니다. 집에 무사히 닿을 수 있도록 보호와 도움의 손길이 필요했습니다. 하나님께서는 이 모든 필요들을 다 채워 주셨을 뿐만 아니라, 그 차 안에 바로 나와 함께 계신다는 큰 확신을 내게 주셨습니다. 나는 하나님께서 나와 함께 계신다는 사실을 머리로는 알지만 가슴으로는 느끼고 있지 못할 때가 있었습니다. 그런데 바로 그날 저녁 나는 하나님의 임재를 느끼게 되었던 것입니다.

"주의 지팡이와 막대기가 나를 안위하시나이다"라는 구절에 이르러 나는 정말로 당황하지 않을 수 없었습니다. 전에는 한 번도 생각해 본 적이 없었지만, 이제 나는 때리고 지도하는 데 쓰이는 도구인 하나님의 지팡이가 어떻게 내게 위안을 줄 수 있는지 생각해 보게 되었습니다. 내게 있어서 그것은 두려운 것이었지, 위안을 주는 것이라고는 여겨지지 않았습니다. 나를 징계하실 필요가 있을 때 하나님께서는 그것을 들어 내게 사용하셨던 것입니다.

묵상은 "마음으로 하는 성경공부"라고 할 수 있는데, 실제로 나는 그 구절의 의미를 파악하기 위해서 마음속으로 씨름을 했습니다. 그러나 나는 하나님의 징계에 대해 기도하고 묵상하면서 하나님과 함께 씨름을 했습니다. 그러자 뭔가 머리를 번쩍 스쳐 지나가는 것이 있었습니다. 그렇습니다. 사랑으로 하는 징계가 바로 위안이 되는 것입니다. 사랑의 아버지께서는 내가 불순종의 절벽으로 굴러 떨어지기 전에 그의 지팡이를 들어 나를 막아 주신다는 사실을 안다는 것이 얼마나 큰 위로가 됩니까? 주님은 불순종할 수도 있는 자유 의지를 주셨지만, 그 자유 의지를 꺾지는 않으시면서 내가 계속 바른 길을 갈 수 있도록 하시기 위해서 모든 것을 하십니다. 그것이 또한 나의 위안이 됩니다.

둘째, 각 낱말 하나 하나를 강조하십시오

각 단어를 따로따로 구분해서 그 단어에 초점을 맞추어 그것이 어떤 중요한 의미가 있나를 생각하는 것입니다.

여호와는 나의 목자시니 – 그분은 만주의 주요, 만왕의 왕이 되신다.

여호와는 **나의** 목자시니 – 이 얼마나 놀랍고 감격스런 사실인가? 그분은 나의 개인적인 목자이시다.

여호와는 나의 **목자**시니 – 그분은 나를 자기의 어린 양으로 사랑해 주신다.

셋째, 예화를 들어 보십시오

시편 23편을 주제로 한 찬송가 중에 다음과 같은 것이 있습니다.

주는 나를 기르시는 목자요, 나는 주님의 귀한 어린 양.
푸른 풀밭 맑은 시냇물가로 나를 늘 인도하여 주신다.
주는 나의 좋은 목자, 나는 그의 어린 양.

철을 따라 꿀을 먹여 주시니 내게 부족함 전혀 없어라.

한 마리의 어린 양이 되어, 자기를 길러 주시는 좋은 목자 되신 주님을 생생하게 경험한 것을 노래하고 있는 이 찬송은 모든 그리스도인들에게 널리 알려져 있습니다.

넷째, 관련되는 구절들을 찾아보십시오

내 마음에 떠오른 말씀은 요한복음 10:11이었습니다. 예수님은 "나는 선한 목자라. 선한 목자는 양들을 위하여 목숨을 버리거니와"라고 말씀하셨습니다. 예수님은 선한 목자가 되시기 때문에 내게 해로운 것이나 유익하지 못한 것을 행하시거나, 그러한 일이 일어나도록 버려 두시지 않을 것입니다. 예수님은 또한 자기 양들은 자기의 음성을 듣는다고 말씀하셨습니다(요한복음 10:27). 나의 귀는 내 생각으로 막혀 있어 주님의 음성을 듣지 못할 때가 자주 있기 때문에 나는 이 말씀과 같이 주님의 음성을 들을 수 있도록 기도합니다.

다섯째, 적용하십시오

나는 실생활에 이것을 어떻게 적용할 수 있을까? 이때 내게 생각났던 것은 하나님께서는 이미 내게 여러 가지 필요들을 보여 주셨다는 것이었습니다. 문제는 하나님께서 내가 맨 먼저 착수하기를 원하시는 것이 어떤 것인지를 가려내는 것이었습니다. 나는 다음 시가 보여 주고 있는 양과 같다는 느낌이 들었습니다.

주님, 나를 도우소서.
나는

푸른 풀밭 쉴 만한 물가
몸을 뉠 아늑한 우리를 찾아
안절부절못하는
한 마리 어리석은 양.
상한 몸
주린 배
마른 목
애타는 마음은
길을 잃고 방황할 뿐입니다.
목자 곁을 떠나
제 길을 가며
다른 양들 뒤를 따라
정처 없는 발걸음을 옮기다
벼랑이 앞을 가로막고
사나운 짐승들 뒤에 도사리고 있는
사망의 음침한 골짜기를 만나
애타게 목자를 부릅니다.
저를 구해 주세요!
주님은
내 음성을 듣고
죽음 앞에서
나를 구해 주셨습니다.

(조지프 베이리, '내 삶의 시편'에서)

그때 차 안에서 두 시간 동안 경험했던 바는 내게 커다란 기쁨이 되었습니다. 그때부터 나는 내 생각이 나를 지배하게 하기보다는 내 자신이 생각을 지배하게 하려고 집중적인 노력을 기울이게 되었습니다. 사도 바울은 "모든 생각을 사로잡아 그리스도에게 복종케 한다"(고린도후서 10:5)고 말했는데, 이 간단한 묵상법이 내게 큰 도움이 되었습니다.

우리는 매일 되풀이되는 일상적인 일들에 여러 모로 마음을 들이고 시간을 쏟지 않으면 안 됩니다. 식사를 준비해야 된다든지, 전화를 해야 한다든지, 편지를 써야 한다든지…. 그러나, 우리는 하루에도 수많은 시간들을 그냥 멍하게 보내 버리는 경우가 많습니다. 이처럼 멍하게 보내는 시간을 말씀에 들여서 기도하는 마음으로 그리스도에 대해 체계적으로 묵상함으로써, 우리는 새로운 미지의 세계에 눈을 뜰 수 있게 됩니다. 바울은 "위엣 것을 생각하고 땅엣 것을 생각지 말라"(골로새서 3:2)고 말합니다.

나는 묵상이 그리스도를 바라보는 실제적인 한 가지 방법이라는 것을 알게 되었습니다.

44 좋 양이 들어 중 제자리 긴

4 / 기도하는 마음

내가 길 모퉁이를 돌아섰을 때, 버스는 길 저 아래로 사라지고 있었습니다.

나는 낭패다 싶어, 멀어져 가고 있는 버스 뒤꽁무니를 바라보며 하릴없이 서 있었습니다. 아기 봐주는 사람이 늦게 온 것이 화가 났고, 두 번이나 갈아타고 가야 되는데도 약속 시간에 늦으면 기다려 주지도 않고 치료비는 받는 의사가 원망스러웠으며, 정확히 제 시각에 버스를 출발시킨 운전기사가 괜스레 못마땅했습니다.

그때 이런 생각이 나에게 떠올랐습니다. 잠깐! 혹시 하나님께서 내가 약속 시간에 늦지 않게 의사에게 갈 수 있도록 해주시지 않을까? 이것을 위해서 기도해 보는 게 어떨까? 그래, 기도를 해보는 것이 좋겠다.

나는 하나님께서 내 일상 생활의 모든 영역에 나와 함께하기를 원하신다는 사실에 막 눈을 떠가고 있던 중이었습니다. 하나님은 내가 처한 모든 환경과 모든 일 하나하나에 다 관심을 가지고 계십니다.

그렇지만 아직도 나는 그 사실을 완전히는 확신하지 못하고 있었습니다. 많고 많은 사람들이 다들 제각기 산더미와 같은 필요들을 가지고 있을 터인데, 내가 매일 세상을 살아가면서 부닥치는 조그마한 문제들까지 어떻게 일일이 다 하나님 앞에 가지고 나아가 도움을 청할 수 있겠는가 하는 생각이 들었습니다. 나는 하나님께서는 우선 순위를 따라 기도를 들어주실 것이라고 생각하고 있었습니다. 그런데, 이와 같은 내 필요는 너무나 하잘것없는 것이어서 틀림없이 우선 순위의 맨 꼴찌를 차지하고 있을 것이라고 생각했습니다.

그러나, 그때 시편 139편의 말씀이 떠올랐습니다. 거기에서 나는 하나님께서 나의 모든 생각을 다 아신다는 말씀을 발견하고 얼마나 기뻤는지 모릅니다. 하나님은 나의 앉고 일어서는 것을 아시며, 심지어는 내가 태어나기 전부터 나의 코와 입과 팔과 다리가 어떻게 생겼는지를 다 알고 계셨습니다. 시편 기자는 그것을 다음과 같이 요약하고 있습니다. "하나님이여, 주의 생각이 내게 어찌 그리 보배로우신지요. 그 수가 어찌 그리 많은지요. 내가 세려고 할지라도 그 수가 모래보다 많도소이다"(139:17-18). 이 얼마나 놀라운 일입니까?

바닷가에 모래가 얼마나 많습니까? 이 사실을 생각해 볼 때 하나님께서는 나를 위해 하루에도 수백 수천만 가지의 생각을 하고 계신다는 사실을 알 수 있었습니다. 따라서 하나님께 구할 수 없을 만큼 너무 작은 것은 아무것도 없으며, 또한 구할 수 없을 만큼 너무 큰 것도 없습니다. 하나님께서는 단지 무엇이든지 자기에게 구하기를 기다리고 계십니다.

그래서 나는 그 길모퉁이에 서서 머리를 숙여(이때까지만 해도 나는 눈을 뜨고 기도를 할 수 있다고는 생각지 않았습니다), 제 시간에 그

의사의 사무실에 도착할 수 있게 해달라고 기도했습니다.

우리 부부는 포틀랜드로 이사해 온 지가 얼마 되지 않았기 때문에 알고 지내는 사람이 별로 없었습니다. 하나님께서 어떻게 나의 기도를 들어주실지는 잘 알 수 없었습니다. 나는 20분이 지나야 오게 되어 있는 버스를 서둘러 보내 주셔서 타고 갈 수 있게 해주시기를 기대했던 것 같습니다.

그런데, 내가 눈을 떴을 때, 차 한 대가 멈추더니 어떤 여자의 목소리가 들려 오는 것이었습니다. "안녕하세요, 어디 가시는 길이에요?" 그 여자는 포틀랜드 전역을 통틀어 내가 알고 지내는 몇 안 되는 사람들 가운데 한 사람이었습니다. 내가 가려고 하는 곳을 말해 주었더니 그녀는, "내가 가는 곳도 바로 그 부근이에요. 함께 타고 가시지요" 하는 것이었습니다.

나는 너무나 놀랐습니다(기도하고 나서 하나님께서 들어주실 때면 이처럼 놀란 적이 없습니까? 나는 지금도 그렇습니다). 나는 이것을 도저히 그냥 넘겨 버릴 수가 없었습니다. 그래서 나는 그녀에게 물었습니다. "항상 이 길을 이용하시나 보죠?" "아니에요. 이 길로는 일년에 한 번쯤 지나다닐까 말까 해요. 일년 만에 처음인 걸요" 하고 대답하는 것이었습니다.

의심의 둑이 힘을 받아 커다란 균열이 생기기 시작했습니다. 처음에는 몇 방울씩 똑똑 듣던 물방울에 불과하던 나의 믿음은 점차 물줄기를 이루어 흐르기 시작했습니다. 우주의 대주재이신 하나님이 나 한 사람의 생활 가운데 일어난 지극히 조그마한 일에까지도 관심을 기울여 주셨습니다.

나는 하나님께서 "구하라… 구하라… 구하라. 구하기를 바란다. 구하기를 부탁한다. 제발 구해라"고 말씀하신 이유를 깨닫게 되었습니다.

하나님께서는 우리가 원하지도 않는 것을 강요하심으로써 우리의 자유 의지를 꺾으시는 분이 아닙니다. 하나님께서는 우리가 자기에게 구하기를 바라십니다. 그러나, 온전하신 우리의 아버지로서, 하나님께서는 어떠한 일이나 어떠한 경우에 이르기까지 우리의 모든 생활 구석구석에 다 스며들어 흘러 넘치기를 원하십니다.

내 생활에 일어난 사소한 일들에 이르기까지 다 하나님께 아뢰기 시작했을 때, 나의 삶은 날마다 기쁨이 넘치는 새로운 경지로 접어들게 되었습니다. 구체적으로 구하고 이에 대해 하나님께서 구체적으로 응답해 주시는 것을 경험하는 것은 아찔할 정도로 신나는 일이었습니다.

일 년 후, 남편과 나는 뜻하지 않던 방법으로 우리의 믿음을 키우고 신장시킬 수 있는 좋은 기회를 맞게 되었습니다. 아마도 그것이 우리에게는 하나님의 공급하심을 직접적으로 가장 확실하게 경험할 수 있었던 기회였던 것 같습니다.

그 당시 남편도 나도 돈에 대해서는 별로 계산 없이 살았습니다. 돈이 있으면 쓰고, 때로는 돈이 없을 때조차도 외상으로 물건을 사기도 했습니다.

우리는 붙박이장이 딸린 세 칸짜리 조그만 아파트로부터 커다란 집으로 이사해 왔기 때문에 외상으로 가구들을 들여왔습니다. 거의 같은 시기에, 우리의 차가 낡아 새 차로 바꾸어야 했으며, 그래서 우리는 그것도 월부로 들여왔습니다. 너무 부지불식간에 이루어진 일이어서 별다르게 생각지도 않고 있었는데, 어느 날 아침에야 우리는 우리 봉급만을 가지고는 매달 갚아야 할 빚도 제대로 갚을 수 없다는 사실을 발견하게 되었습니다. 그래서 우리는 하나라도 제대로 갚기 위해 다른 한 가지 외상값 지불을 연기했지만, 그나마 매달 가까스로 꾸려 나갈 수 있을 정도였습니다. 하나님께서는 이러한 우리 삶의 방식이 하나님을 영화롭게 해드리지 못한다는 사실을 보여 주셨습니다.

우리는 "아무에게든지 아무 빚도 지지 말라"(로마서 13:8)고 한 성경 말씀을 확신하고 있었습니다.

우리 자신이 잘못해 그러한 궁지에 빠지게 되었던 것이며, 따라서 다른 어느 누구에게도 그 책임을 전가할 수 없었습니다. 우리는 하나님께 용서해 주시기를 구했으며, 이 일을 통해서 참으로 배우기를 원하며 또 하나님께서 무엇을 하라고 하시든 다 하겠다고 말씀드렸습니다. 우리는 우리들 자신의 손으로 어떤 일을 처리하려고 하기보다 먼저 하나님께 구하고, 하나님께서 들어 응답해 주시기를 기다려야 할 필요가 있다는 사실을 깨달아 가기 시작했습니다.

우리는 이것저것 팔아 볼까도 생각해 보았지만, 그래 보아야 약간의 도움이 될 수 있을지는 몰라도 빚을 지는 것은 여전히 마찬가지였습니다. 외상을 다 갚을 때까지 내가 직장을 구해, 일을 해보면 어떨까 하고 기도도 해보았습니다. 그때 린은 두 돌이 지났기 때문에 보육원에 데려다 맡겨도 충분했습니다. 그러나, 하나님의 말씀을 보면서, 나는 그때 내가 해야 될 일이 "집안 일"(디도서 2:5)이라는 것을 확실하게 알 수 있었습니다.

하나님의 뜻을 구했을 때, 하나님께서는 우리에게 갚아야 할 돈은 매달 초에 다 갚으라고 가르쳐 주셨습니다. 월부금은 가능한 한, 매월 갚아야 할 금액보다도 많이 갚아 나갔으며, 따라서 나머지 필요들은 언제나 주님께 의뢰해야 했습니다. 월급은 매달 초하루에 받았기 때문에, 닷새 정도가 지나면 우리의 가진 돈은 바닥이 났습니다.

이것은 나를 두렵게 했습니다. 나는 "나의 하나님이 그리스도 예수 안에서 영광 가운데 그 풍성한 대로 너희 모든 쓸 것을 채우시리라"(빌립보서 4:19)고 하신 말씀과 그 말씀대로 필요한 양식을 주실 것이라고 믿었습니다. 그렇지만 마음 한 구석에서는 하나님께서 채워 주시지 않으면 어떡하나, 이러다가는 살림이 끝장나는 것은 아닌가 하는 두려움이 생겼습니다. A. W. 토저는 이렇게 말했습니다.

> 우리는 자신을 드리는 헌신에 의해서 우리의 믿음을 입증할 수 있습니다. 달리 입증할 수 있는 방법은 없습니다.··· 거짓 믿음은 언제나 하나님께서 이루어 주시지 않을 경우를 대비해서 빠져 나갈 길을 마련해 놓습니다.··· 참믿음의 결과는 하나님이든지 아니면 완전한 파탄이든지 둘 중 하나입니다.··· 거짓 믿음을 가진 사람은 그가 가진 신조를 위해 변론할 수는 있겠지만, 막상 그 신조가 자신의 장래를 위태롭게 하는 지경에 이르게 되면, 미련 없이 거기에서 발뺌을 합니다.

"거짓 믿음은 언제나 빠져 나갈 길을 마련해 놓는다." 나는 온전히 자신을 드려서, 하나님께서 공급해 주시도록 하든지 아니면 내 믿음이 완전히 파탄하는 지경에 이르게 하든지 할 그런 믿음을 가지고 있는가?

그러한 지경에 이른다는 것은 두려운 일입니다. 그 지경에서 하나님께서 우리를 도와주시지 못한다면, 우리의 삶의 기초가 허물어지고 우리의 믿음이 파탄을 맞게 될 것입니다. 또한 하나님의 말씀이 진리가 아니라면, 우리는 우리의 인생을 낭비하고 있는 것입니다.

우리는 기도했습니다. 우리는 우리 사정을 아무에게도 알리지 않기로 하나님 앞에 약속했습니다. 전화 한 통화만 하면 부모님들이 우리를 도와주실 수 있었으며, 또 슬쩍 귀띔만 해줘도 친구들은 우리에게 돈을 보내 주었을 것입니다.

6개월 동안, 우리는 당장 다음 끼니를 마련할 돈이 있는지조차 알지 못하고 살았습니다. 하나님은 한 번도 우리를 버려 두시지 않으셨습니다. 믿어지지 않는 일들이 우리에게 일어났습니다.

이전에는 한 번도 소식을 주신 적이 없던 숙모님이 발렌타인 카드와 함께 선물로 5달러를 보내 주셨습니다. 남편은, 60달러가 든 돈지갑을 주워서 주인을 찾아 주어, 10달러의 사례금을 받았습니다. 그 지갑 주인은 그 돈이 고스란히 그대로 남아 있다는 사실에 무척 놀랐던 것입니다. 또 어떤 날에는 우리 집 뒷문 안에 식료품이 들어 있는 보따리가 놓여 있기도 했습니다.

그 기간 중, 남편은 급성 맹장염에 걸려 수술을 받아야 했습니다. 우리에게는 의료 보험이 없었습니다. 수술비를 치러야 하는 바로 그날, 우리는 소득세를 환불받아 수술비에 보탤 수 있었으며, 그뿐 아니라, 우리 사정을 잘 알지는 못했지만, 교회에서 세 사람이 각기 따로따로 와서 우리에게 병원비를 다 충당할 수 있을 정도로 충분한 돈을 공급해 주었습니다.

그 몇 개월간에 걸쳐, 우리는 믿음을 키울 수 있었습니다. 그중 한 가지는, 하나님께서 그날그날 먹을 양식을 주시는데 우리가 사흘 뒤에 먹을 양식을 위해 염려할 필요가 없다는 믿음이었습니다. 우리는 만나가 그날그날 내렸다는 사실을 기억했습니다. 그래서 우리는 날마다 그날그날 주신 양식을 먹으며 다음날 일용할 양식을 주시도록 기도했습니다.

어느 날 오후, 린과 나는 여느 때와 마찬가지로 가벼운 산책을 나섰습니다. 그런데, 내게는 린에게 늘 사주어 왔던 캔디 하나 사줄 동전 한 푼조차 없었습니다. 린은 집에 닿을 때까지 계속해서 캔디를 사달라고 조르며 울어댔습니다. 엄마인 나의 가슴은 미어지는 것 같았습니다. 그런 일은 단 한 번밖에 없었던 일이지만, 하나님께서는 내게 자녀들에게 먹고 싶은 것 하나 제대로 사주지 못하는 어머니들의 마음을 깊이 헤아려 볼 수 있게 해주셨습니다.

어떤 주간에는 며칠 동안 계속해서 내내 팬케이크를 먹어야 했기에 어려웠던 적도 있었습니다. 우리는 덩그렇게 큰 팬케이크와 우유밖에 먹을 수 없었습니다.

그때 외에는, 여느 때와 다름없이 식사를 할 수 있었으며, 종종 청소년들을 집에 초대하기도 했습니다. 때로는 엘리야를 먹였던 과부의 심정과도 같이(열왕기상 17:10-15), "병의 기름"이 다 떨어지면 어떡하나 하고 염려도 되었지만, 양식이 떨어진 적은 한 번도 없었습니다.

하나님께서는 우리의 믿음을 파탄으로 끝나게 버려 두시지 않으셨습니다. 우리의 믿음은 달이 갈수록 점점 더 강하게 자라 갔습니다.

나는 이제는 하나님께서 우리 육신의 보이는 필요는 물론, 보이지 않는 필요들은 더욱 쉽게 채워 주시는 분이라는 것을 믿을 수 있게 되었습니다. 영적 실체를 붙잡기 위해, 수년간에 걸쳐 바람을 잡는 헛수고 끝에, 나는 이제야 막 어렴풋하게나마 그것들을 만질 수 있게 되었습니다. 그러나, 그것들을 꼭 붙들기 위해서는 내 손아귀에 보다 더 큰 힘이 필요했습니다.

5 / 경청하는 마음

이전에 남부에서 살고 있을 때, 우리가 자주 듣는 말 가운데 "생각이 없다"는 말이 있었습니다. 사람들은 흔히 "난 별로 생각이 없는데"라고 말하곤 했습니다. 물론 그 말의 뜻은 "나는 그렇게 하고 싶은 마음이 별로 없다"는 것이었습니다.

내게 결혼할 "생각이 있었다면", 우리는 약혼 기간을 이 년 반이나 끌지는 않았을 것입니다. 그렇지만 학교에 다녀야 했기 때문에 결혼을 생각할 수 없었습니다.

그 기간 중 일 년 동안은 서로 500킬로나 떨어진 곳에서 살았습니다. 우리는 외로움을 이기기 위해 날마다 서로 편지를 하기로 했습니다. 별다른 일이 없는 한 우리는 어떻게 해서든 그 약속을 지켰습니다.

그러나, 나는 기독교 교육을 담당하고 있는 현장의 바쁜 일꾼으로서 날마다 그 편지들을 뜯어 볼 만한 시간도 없었습니다. 이모저모로 생각해 본 다음, 나는 그럴듯한 계획을 짜냈습니다. 도착한 순서대로 편지를 차곡차곡 책상 위에 쌓아 놓은 다음, 일요일 오후 한가한 짬을 내서 그 편지들을 조심스럽게 개봉해서 읽겠다는 생각이었습니다.

나중에 결혼한 다음에는 눈코 뜰 새 없이 바쁜 대학원 과정을 밟으면서 우리는 서로 이야기를 주고받는 데다가 너무 많은 시간을 소모하지는 말자고 결정했습니다. 마음에 떠오르는 것들을 이것저것 이야기하다 보면 몇 분이 지나 몇 시간이 되곤 하기 때문이었습니다. 그래서 우리는 메모지를 가지고 다니면서 상의해야 될 게 떠오르면 그때그때 적어 두었다가, 일요일 저녁에 두 시간이고 세 시간이고 시간을 내서 이야기를 하자고 의견을 모았습니다. 그 이후로 우리는 적어 두었던 것들을 가지고 우선 순위대로 각 항목에 대해 서로의 의견을 나누었습니다.

지금쯤 아마 당신은 그건 말도 안 돼 하고 생각할 것입니다.

그렇습니다. 당신의 생각이 옳습니다.

우리에게 일어났던 일은 이와 같지 않았습니다. 우리는 서로 떨어져 있었고 또 날마다 편지를 썼던 것도 사실입니다. 우리는 실로 바쁜 나날을 보냈습니다. 그렇지만 그 다음부터는 이야기가 달라집니다. 점심 시간이면 나는 편지들을 가지러 집으로 달려가곤 했던 것입니다. 그래서 편지를 손에 쥐는 대로 단숨에 다 읽었습니다. 읽고 또 읽고 몇 차례씩 되풀이해서 읽었습니다. 저녁에 집에 돌아와서는 나는 또 시간을 내서 그 편지 속으로 빠져들어 그 이면에 들어 있는 뜻까지 읽어 내려고 애썼습니다.

결혼한 이후에 우리는 대학원, 직장 및 여러 가지 일들로 정말 바쁘게 지냈습니다. 그러나, 우리는 중요한 일들은 물론 하잘것없는 자질구레한 일들에 이르기까지, 모든 것들에 대해 함께 이야기를 나누었습니다. 오늘날 결혼 생활에 있어서 가장 큰 문제가 되고 있는 것이 의사 소통의 결핍이라고 합니다. 만일 우리가 앞서 이야기했던 식으로 살았다면, 우리는 아마도 지금쯤은 헤어졌을 것입니다.

사랑하는 사람들끼리 의사를 소통하는 방법은 메모지가 아닙니다. 더구나 사랑의 편지를 쌓아 두었다가 나중에 "시간이 나면" 읽는다는 것은 말도 되지 않습니다.

포틀랜드에서 하나님께서 나의 삶에 영향을 미치기 시작하시면서부터, 나는 하나님께서 위대한 사랑의 편지, 곧 성경을 내게 주셨다는 사실을 깨닫게 되었습니다. 나는 그 전에도 성경을 읽긴 읽었지만, "성경을 읽으면 복을 받는다"는 생각과 의무감으로 읽었습니다. 그러니 성경을 읽어도 기이한 것을 볼 수 없었던 것은 당연합니다. 하나님을 만나기 위해서라기보다는 그저 習慣的으로 읽었던 것입니다.

성경이 내게 주신 하나님의 개인적이고 친밀한 편지라는 것을 알게 되면서, 나는 성경을 어쩌다가 한번씩 읽는다는 것은 잭의 편지를 모아두었다가 한꺼번에 읽는다는 것과 조금도 다를 바가 없다는 사실을 깨달았습니다.

문제가 발생하면, 나중에 이것을 위해서 기도해야 되겠구나 하고 생각하곤 했습니다. 이것은 마치 메모지를 꺼내 나중에 이야기할 것들을 적어 두는 것과 같습니다. 지금도 나는 때때로 이런 잘못을 범하고 있습니다.

그러나 하나님은 늘 함께하시며, 늘 귀를 기울이고 계시며, 언제라도 이야기를 나누실 준비가 되어 있습니다. 하나님은 시간에 구애받으시지 않기 때문에 하나님과의 의사 소통은 언제나 가능합니다.

이 진리를 깨달음으로써 하나님과 동행하는 나의 삶에는 획기적인 변화가 나타났습니다. 언젠가 나에게 이렇게 말해 주었던 사람이 있습

니다: "나는 예전엔 책을 읽었지만, 지금은 음성을 듣는답니다." 성경은 단지 또 하나의 좋은 책에 불과한 것이 아닙니다. 그것은 내 마음에 주어진 둘도 없이 특별한 메시지입니다.

나는 마음을 집중해 그 음성에 귀를 기울여 듣기 시작했습니다. 하나님과 함께하는 시간에 나는 날마다 시편 119:18을 가지고 기도했습니다. 매일 나는 "주님, 오늘 제게 기이한 것을 주십시오"라는 기도로 하루를 시작했습니다. 그 구절의 내용은 "내 눈을 열어서 주의 법의 기이한 것을 보게 하소서"라고 하는 기도입니다.

아침마다 나는 하나님께서 자기의 말씀을 통해 기이한 것을 보여 주실 때까지 계속해서 성경을 읽어 나가겠다고 작정했습니다. 하나님께서는 언제나 신실하게 그것을 이루어 주셨습니다. 때로는 레위기와 같은 부분에서 지지부진하고 있을 때는 다섯 장씩이나 읽어야 하는 경우도 있었지만, 주님께서는 언제나 기이한 것들의 잔치를 베풀어 주셔서 새로운 맛을 볼 수 있게 해주셨습니다.

그 후에 나는 주님으로부터 뭔가를 반드시 **얻어내야** 할 필요는 없다는 사실을 알게 되었습니다. 하나님의 함께하심과 또 하나님과 함께하는 교제를 즐기는 것만으로도 충분했습니다. 그러나, 처음 그 당시에, 나는 특별히 기이한 것들을 원했고, 하나님께서는 그것들을 채워 주셨습니다.

나는 처음부터 거창하게 시작하지 않았습니다. 몇 분간만이라도 질적인 시간을 갖자고 하는 것이 목표였습니다. 내게는 진심으로 마음을 열고 남편과 함께 이야기를 나누는 5분이 TV 앞에서의 두 시간보다 훨씬 더 가치가 있었습니다. 그래서 나는 하나님과 함께 많은 시간보다는 질적인 시간을 보낼 수 있기를 위해서 기도했습니다. 나는 7분 정도면 세수를 하고 얼굴 화장을 마칠 수 있었습니다. 나는 나를 가장 사랑해 주시는 분과 함께 보낼 수 있는 시간으로 하루에 최소한 7분은 낼 수 있다고 확신했습니다.

그 짧은 시간을 보냈던 방법은 다음과 같습니다.

처음 30초 동안은 하나님께 내 눈을 열어서 그날 내게 주시고자 하는 진리를 볼 수 있게 해달라고 기도합니다. 단지 시편 119:18의 내용대로 내 마음의 눈을 열어서 주님의 말씀으로부터 기이한 것들을 보게 해달라고 하는 기도가 대부분입니다.

다음 4분간은 주님께서 주신 사랑의 편지의 한 부분을 읽습니다. 마가복음, 요한복음, 바울의 서신서들을 읽어 나가는 데, 여러 주일이 걸렸습니다. 한 장 전체를 몽땅 다 읽으려고 애쓸 필요는 없었습니다. 한 문단에 그칠 때도 있었고 때로는 불과 서너 구절밖에 읽지 못할 때도 있었습니다. 읽었던 내용에 대해서 묵상하거나 기도하며 또 내게 중요한 의미를 주는 구절에 밑줄을 긋기도 했습니다.

그 다음 2분 30초 정도는 하나님께 기도하는 시간으로 보냅니다. 가족과 친지들을 위해서, 또 자신의 필요를 위해서 기도합니다. 그리고 하나님께서 나의 잘못된 행위를 꾸짖어 주실 때 자백을 했습니다. 감사와 찬양의 기도도 했습니다.

그 7분은 10분, 15분이 되었고 그 시간은 점점 더 길어져 갔습니다. 하나님께서 나의 삶 가운데 역사해 주신 일들에 대해서 주님과 함께 이야기를 모두 다 나누기에는 아무래도 그 시간이 부족하게만 여겨졌습니다.

처음에는, 이 시간을 나는 맨 첫 커피를 들기 이전에 가지려고 했습니다. 나는 다음과 같은 말을 들었습니다. "하나님의 말씀을 먹기 전에는 아침도 먹지 말라." "어떤 사람에게 하나님에 대해 말하기 전에 먼저 하나님께 그 사람에 대해 이야기하라." 두 번째 말은 내 마음에 이렇게 요약되었습니다. "다른 사람에게 이야기하기 전에 먼저 하나님께 나아가 이야기하라." 그렇지만 나는 아침 식사 전에는 머리가 맑지 못하고 생각이 정리가 잘 되지 않았습니다.

우리는 하루 중에서 **가장 좋은** 시간을 하나님께 드려야 합니다. 내게 있어서 가장 좋은 시간은 보통 남편이 출근하고 난 아침 식사 후였습니다. 그때는 해야 될 일들로 아직 마음이 바쁘지 않은 시간이었습니다. 그래서 나는 그 시간에 하나님을 만나야겠다고 작정했습니다. 그렇지만 때로는 어찌나 바쁜지 아침 식사 후에 전혀 시간을 갖지 못하는 경우도 있었습니다. 그럴 때면 나는 좀더 일찍 일어나 아침 식사를 하기 전에, 짧은 시간이라도 졸지 않고 맑은 정신 가운데 하나님과 함께 시간을 보낼 수 있게 해달라고 기도했습니다.

아침이면 인기척 소리에 곧 잠자리에서 일어나는 어린애들을 가진 친구가 있는데, 그 친구의 경우, 가장 좋은 시간은 그녀의 아이들이 낮잠을 잘 때입니다. 아침에 잠자리에서 일어나기 전에 그녀는 잠깐 동안 주님께 아침 인사를 드리며 그날 하루를 주님께 맡기는 시간을 갖습니다. 그녀는 그날 하루의 생각을 이끌어 주시도록 주님께 기도합니다. 그러다가 어린애들이 낮잠을 잘 때면, 그녀는 몇 분간이나마 하나님과 특별한 시간을 갖습니다.

또 한 친구의 경우에는 자정 무렵이 가장 정신이 맑은 시간입니다. 그에게 있어서는 가장 좋은 시간인 하루의 마지막 시간을 그는 하나님과 함께 보냅니다.

아마도 우리들 대부분에게 있어서 그 시간은 아침 일찍일수록 더 좋을 것입니다. 하나님은 우리가 자기에게 나오는 것을 기뻐하십니다. "아버지께 참으로 예배하는 자들은 신령과 진정으로 예배할 때가 오나니 곧 이때라. 아버지께서는 이렇게 자기에게 예배하는 자들을 **찾으시**

느니라"(요한복음 4:23). 놀랍지 않습니까? 하나님께서는 우리와 교제하시기를 기뻐하시기 때문에 우리가 자기를 만날 수 있도록 우리를 도우시고 우리에게 힘주십니다. 우리로 하여금 억지로 자기와 함께 시간을 보내게 하심으로써 우리의 자유 의지를 꺾지는 않으십니다. 그러나, 하나님과의 교제를 사모하는 마음을 달라고 기도하면, 하나님은 우리에게 교제하고 싶어하는 마음을 불러일으켜 주십니다. 이것은 우리가 형편 되는 대로 적당히 해서 될 일이 아닙니다. 우리의 마음에 확신이 있어야 합니다. 하나님과 시간을 함께 보내는 것은 그리스도인으로서 성장해 가는 삶에 단지 유익한 정도가 아니라, 마치 호흡과 같이 필수 불가결한 요소라는 확신이 필요한 것입니다. 즉, 어떠한 일이 있더라도 반드시 이것은 하겠다는 각오가 되어 있어야 합니다.

나는 굳게 결심을 했습니다.

하나님께서는 말씀하시고 나는 들었습니다.

그러나, 내게는 주님께서 내게 말씀해 주시는 것들을 나의 삶에 날마다 어떻게 적용할 수 있는지 아는 것이 필요했습니다.

60 양학이 론이 개척한 길

6 / 적용하는 마음

어느 날 아침 부엌 의자에 페인트칠을 하다가, 커피를 끓이기 위해 잠시 쉬는 사이, 페인트 통을 그냥 뚜껑을 열어 둔 채 식탁에 종이를 깔고 그 위에 얹어 두었습니다.

그런데 바로 그새 우리 어린 딸 린이 아장아장 걸어가 그 종이 깔개를 획 잡아당겼습니다. 그 바람에 거의 한 통 가득한 페인트가 엎질러지며 린과 의자와 바닥에 쏟아져 내렸고, 깜짝 놀라 내가 달려갔을 때는 이미 늦었습니다.

나는 그만 아연해져서 꼼짝 못하고 그 자리에 서서, "오, 린… 오—린, 오호, 리-인!" 하고 소리칠 수밖에 없었습니다.

한 시간에 걸쳐 그 페인트로 범벅이 된 부엌을 치울 수 있는 데까지 치우고 나서 2층에 올라가, 나는 내가 성을 내지 않고 또 린을 때리지 않을 수 있었던 것에 대하여 자축했습니다. 전에는 이런 일을 일으킨

것에 대해 린이 당황해할 것과, 또 린에게는 그렇게 할 의사도 없었다는 것을 알면서도 나는 참지 못하고 불같이 화를 내곤 했던 것입니다.

자위와 자찬의 소리에 빠져 나는 하마터면 세미하게 들려 오는 주님의 음성을 놓칠 뻔했습니다. 하나님께서는 이렇게 말씀하시는 것 같았습니다. "캐롤, '범사에 감사하라. 이는 그리스도 예수 안에서 너희를 향하신 하나님의 뜻이니라'(데살로니가전서 5:18). 너는 이 말씀을 암송하지 않았느냐? 이제는 그 말씀을 마음에 새겨라."

나는 이 말씀에 놀라서 이렇게 대답했습니다. "주님, 설마 페인트가 엎질러져 부엌이 온통 난장판이 된 것에 대해서도 감사해야 된다는 말씀은 아니시겠죠? 그건 아닐 거라고 믿습니다."

그러나 여전히 주님의 말씀은 "범사에 감사하라"는 것이었습니다.

하나님께서는 그것에 대해서도 감사하기를 원하셨습니다. 하나님께서는 그렇게 할 수 있는 방법을 보여 주셨을 뿐만 아니라 능력도 주셨습니다.

나는 그때 엎질러진 페인트에 대해서 감사해야 하는 "까닭"을 이해할 수는 없었습니다. 나는 모든 일에 그 이유를 모르면 답답해하는 사람입니다. 그 후로 하나님께서는 어떤 일에나 이유를 알건 모르건 감사하는 태도를 가져야 하는 까닭에 대해서 보여 주시기 시작했습니다. 그러나, 그 당시에는 하나님께서 나에게 이유를 알지 못할지라도 감사해야 한다고만 말씀해 주시는 것이었습니다. 나는 가까스로 참긴 했지만 도저히 감사할 마음은 아니었던 것입니다.

그래서 나는 주님께 말씀드렸습니다. "좋습니다, 주님. 이해는 되지 않지만, 감사하겠습니다. 엎질러진 페인트와 또 그것을 깨끗이 치울 수 있도록 해주신 것에 대해 감사드립니다."

그리스도께서 이것을 가능케 해주셨습니다. 감사하는 마음속에 불평이 끼여들 여지란 있을 수 없는 것입니다.

범사에 감사하라는 바울의 권면은 내게 새로운 말씀이 아니었습니다. 나는 그 말씀을 백 번 정도는 읽었습니다. 그런데 그 말씀을 읽을 때마다 인간의 힘으로는 불가능한 일이라고 생각되어 실망과 좌절감에 두 손을 들곤 했습니다.

그러나 페인트를 엎지른 일이 있기 바로 직전, 말씀하신 대로 감사하는 것이 전혀 불가능한 것만은 아닌, 실현 가능한 것이 될 수 있도록 도와주는 방법이 있다는 것을 알게 되었습니다.

나는 하나님과 대화하는 가운데 "이것이 오늘 네게 특별히 주의를 주고 싶은 사항이다"는 식으로 분명하게 말씀해 주시기를 하나님께 구하면서 성경을 공부하는 법을 배웠습니다. 하나님께서 이런 식으로 말씀해 주시는 구절에는 밑줄을 긋거나 그 구절을 다른 곳에 옮겨 적어야 합니다.

그때 나는 하나님께서 이렇게 알려 주시는 이 교훈들을 매일의 삶 가운데서 어떻게 강조해 보여 주시는지를 발견해 가고 있었습니다. 그 후에 나는 네비게이토 성경공부의 한 부분으로 사용되어 왔던 방법을 채택해 적용해 가기 시작했습니다.

그 방법은 다음과 같았습니다.

1. 그 구절을 자신의 말로 기록한다. 기도한 대로 하나님께서 자기의 말씀 가운데서 어떤 한 부분을 강조해 보여 주시면, 그 말씀에 밑줄을 긋거나 그 말씀을 노트에 옮겨 적습니다. 그리고 나서 이제 그 구절을 자신의 말로 다시 써보는 것입니다.

나는 데살로니가전서 5:18을 이렇게 썼습니다. "바울은 내게 어떤 일에 대해서나 감사해야 한다고 말하는데, 그 까닭은 하나님께서 내가 그리스도 안에서 바로 그러한 감사의 삶을 살기 원하시기 때문이다."

2. 어떻게 그 말씀에 순종하지 못하고 있는지를 적는다. 이것을 기록할 때는 '우리,' '우리를'과 같은 말이 아니라 '나,' '나를'과 같은 말을 사용해야 합니다.

이것은 그다지 어렵지 않게 해낼 수 있습니다. 나는 다음과 같은 식으로 적었습니다. "나는 내게 이해가 되지 않는 일들이나 좋아하지 않는 일들, 어려운 일들에는 감사하지 못하고 있다."

3. 이 말씀에 순종하지 못하고 있는 구체적인 예를 한 가지 들어 본다. 이것 또한 그렇게 어려운 일은 아닙니다. 페인트를 엎질러 닦아 내느라 마음에 어려움이 있었던 일과 같은 경우를 적으면 됩니다. "이번 주에 린이 페인트를 온 부엌 바닥에 쏟아 놓았을 때, 나는 정말로 감사를 할 수가 없었다."

4. 하나님의 지도를 구하며 그 구절을 삶 가운데 적용할 구체적인 계획을 세운다. 이에 대한 유익한 지침이 두 가지 있습니다. (1) 다음 한 주간에 대한 계획을 세우는 것이 좋습니다. 그렇지 않으면 계획이 겹쳐 한꺼번에 여러 가지 일들을 붙들어야 하게 될 것이기 때문입니다. (2) 가능하면 계획한 대로 다했는지를 한 주 후에 점검해 줄 사람을 두는 것이 좋습니다.

이 부분이 가장 어려운 곳에 해당합니다. 하나님께서는 내게 하루 중 가장 힘들어하며 감사하지 못하는 때가 있다는 것을 보여 주셨습니다. 그것은 바로 저녁 식사 전이었습니다.

우리는 그때 네비게이토 선교회의 대여섯 형제 자매들과 함께 살고 있었습니다. 우리는 수년 동안 이러한 삶을 통해 하나님께서 형제 자매들을 인격과 사역에서 여러 모로 훈련시키신다는 것을 알게 되었습니다. 그러나, 이러한 하나님의 훈련 프로그램을 통해 실제로 가장 큰 유익을 얻는 사람들은 이 훈련을 책임 맡은 사람들이었습니다.

함께 살고 있는 형제들의 일과로 인해 6시 정각에 저녁 식사를 하게 되어 있었습니다. 그러나 나는 시간을 잘 지키는 편이 되지는 못했습니다.

그중에 한 형제는 5시 45분쯤 되면 집에 돌아와 린과 놀아 주는데, 린의 성깔을 건드리는 경우가 많습니다. 그러면 린은 금새 싫증을 내고 짜증을 부리다가 끝내는 울음을 터뜨리며 내 치맛자락에 매달립니다. 그 바람에 저녁 식사는 더 늦어지고, 나는 짜증을 참기 위해 이를 악물어야 합니다.

그러나 우리에게는 창조적인 하나님이 계십니다. 주님에게서 아이디어가 흘러나와 생각의 틀이 잡히게 됩니다. 그래서 나는 다음과 같은 계획을 세우게 되었습니다.

"다음 주간에 나는 다음과 같은 것들을 하겠다. (1) 하루에 최소한 세 번은 감사하는 마음을 가질 수 있도록 기도한다. (2) 우리 집에서 함께 생활하고 있는 모든 사람들에게 이것을 위해 함께 기도해 달라고 부탁한다. (3) 약을 올려 린을 울리는 형제에게 저녁 식사 전 15분 동안을 린을 데리고 나가 그네를 태워 주든지 술래잡기를 하라고 제안한다. (나는 그가 린을 괴롭히려고 했던 것이 아니라 친구가 되어 주고 싶었던 것이지만, 방법이 서툴러 그런 결과를 빚는다는 것을 알고 있었던 것입니다.) (4) 오후 4시경 스트레스가 시작되기 전 휴식 시간을 갖고 피로를 회복하며 기도를 한다든지 린과 잠시라도 함께 시간을 보낸다."

이것을 실천해 옮긴 결과 나는 짜증을 내지 않게 되고 실제로 감사할 수 있게 되었습니다.

실제적인 개인 적용을 할 수 있도록 이끌어 주는 열쇠는 **행동 계획**입니다. 어떤 명령들은 다른 것들에 비해 구체적으로 적용을 하기가 더 쉬운 것들이 있습니다. 하나님께서 이런 말씀들부터 먼저 보여 주시도록 구하십시오.

한 가지 예를 들자면, "네 이웃을 네 몸처럼 사랑하라"는 말씀을 들 수 있을 것입니다. 정말 그 말씀대로 하고 있는 사람은 우리 가운데 얼마 되지 않습니다. 한 주간 동안 이 말씀을 적용하기로 했을 때, 앞서 말한 적용 계획의 두 번째 단계는 이렇게 쓸 수 있습니다. "나는 나 자신을 사랑하는 것만큼 다른 사람들을 **사랑하지는 않는다**."

그러나, 세 번째 네 번째 단계는 생각해 내기가 그렇게 쉽지 않습니다. 나는 이렇게 썼습니다. "내게 특별히 문제가 되는 사람은 밉살스럽게 구는 이웃집 사람이다. 그는 린이 그 집 잔디에 들어갈 때면 언제나 싫은 소리를 해댄다."

그러면 이제 **마음에 들지 않는** 사람을 어떻게 사랑할 수 있겠습니까? 우리의 적 사탄은 우리가 그것에 대해 구체적으로 생각하는 것을 싫어합니다. 그래서 할 수만 있으면 이 단계에서 우리를 방해합니다.

기도할 때 아이디어가 떠오릅니다. 나는 다음과 같이 기록합니다. (1) '이웃을 네 몸처럼 사랑하라'는 내용의 말씀을 두 구절 더 암송한다. (2) 과자를 좀 구워서 그 이웃 사람에게 가져다 주어야겠다. (3) 이번 주에 그녀를 점심에 초대해 무엇이 그녀의 기분을 그렇게 상하게 하는지 알아봐야겠다. (4) 날마다 그녀를 위해 기도하며 주님의 사랑을 나타내는 통로로 나를 사용해 주시도록 기도하겠다. 또한 내가 그녀를 좋아할 수 있게 해달라고 기도하겠다.

이 계획은 효과가 있었습니다.

매주 성경공부를 할 때나 매일 성경을 읽을 때 이와 같은 방법으로 개인 적용을 해나가십시오.

사탄이 당신을 대적할 것입니다.

그러나 하나님께서 당신을 도우실 것입니다.

하나님은 사탄보다 더 크십니다.

양반 어이리 죽어 깨치리 린

7 / 넓혀 가는 마음

일곱 살 때 나는 길을 잃었습니다.

전혀 낯선 곳으로 이사를 왔는데 오빠가 병에 걸렸습니다. 우리 가족들은 보통 다 함께 교회에 나가 예배를 드렸는데, 그 주일에는 아빠가 오빠를 간호하고 있는 엄마를 돕기 위해 나를 주일학교까지 태워다 주고는 다시 집으로 가셨습니다. 돌아가시면서 아빠는 집에 오는 길을 가르쳐 주셨습니다. 북쪽으로 두 블록, 서쪽으로 한 블록, 이렇게 세 블록을 걸으면 집에 닿는다는 것이었습니다.

그런데 나는 서쪽으로 두 블록, 북쪽으로 한 블록을 갔기 때문에 그만 완전히 길을 잃고 말았습니다. 더럭 겁이 났습니다.

터지는 울음을 가까스로 참으면서 나는 기도했습니다. "주님, 제게 길을 가르쳐 주세요."

기도를 마치고 눈을 떴을 때 저쪽 맞은편에서 달려오는 낯익은 아빠의 차가 눈에 들어왔습니다. 그때 그 기분이란! 그 나이에 나는 "그들이 부르기 전에 내가 응답하겠다"(이사야 65:24)고 하신 약속을 알리 없었지만, 하나님께서는 그 약속을 내게 이루어 주셨던 것입니다.

내가 기억하기로는 그것이 내가 처음으로 구체적으로 구하고 응답받은 기도였습니다.

나는 어떤 것들을 배우는 데는 제법 진보가 있었지만, 어떤 것들은 그야말로 느림보 거북이같이 더뎠습니다. 기도를 배우는 데 있어서는 일반적으로 후자에 속했다고 볼 수 있을 것입니다. 다행히도 하나님께서는 인내로 나를 가르쳐 주셨습니다.

나는 어른이 되어서야 기도 학교의 유치원 반에 등록했습니다. 내가 받은 첫 입문서에는 백지가 들어 있었습니다. 나는 곧 그 용도에 대해 배우게 되었습니다. 그 표제는 "체계적인 기도법"이었습니다. 나는 체계적이지를 못했습니다.

"기적의 비행기"를 타고 살아간다는 것이 하루아침에 되는 것이 아닙니다. 처음에는 싫긴 했지만 나는 그 여백들을 채워 가기 시작했습니다. 첫째로 나는 기도해야 할 필요가 있다고 생각되는 모든 것들을 다 적었습니다. 최근의 필요들, 기도해 주기로 약속한 사람들, 친구, 친척, 국가나 교회 등등. 엄청나게 많은 기도 제목들이 있었습니다. 그 다음 단계가 있었다는 것이 얼마나 다행스러운지 모릅니다.

나는 이 제목들을 두 가지로 분류해 기도 목록을 작성했습니다. 한 가지는 어느 일정 시기까지는 구체적으로 응답을 해주셔야 하는 현재의 긴급한 필요들이었습니다. 즉, 아픈 사람이나 재정적인 필요, 또는 절망적인 상황과 같은 것들을 위한 기도였습니다. 한 페이지를 반으로 나누어 이 기도 제목들을 날짜와 함께 왼편에 적고 오른편에는 "응답 내용"을 기록했습니다.

두 번째 기도 목록은 기도해 주기를 원하지만, 구체적으로 무엇을 위해서 기도해야 할지, 또 긴급한 기도 제목이 무엇인지 잘 모르는 대상들, 예를 들면 교회, 친구, 선교사, 국가 등을 위한 기도입니다. 나는 이것들을 분류해서 일요일은 빼놓고 나머지 매 요일에 기도 제목의 수가 균등하게 배분되도록 할당했습니다.

또 나중에 내 남편과 딸애를 위한 기도 제목들을 따로 새로운 페이지를 마련해 적어 넣었습니다.

처음 시작할 때는 의심도 있었습니다. 그러나, 정작 "응답 내용"이 채워져 가면서 의심은 곧 사라져 버렸고, 기도 노트는 이내 새로운 페이지를 더해 가게 되었습니다.

하나님은 언제나 응답해 주십니다. 육신의 부모님과 마찬가지로 하나님께서도 "안돼"라고(그것도 단호하게) 대답하실 경우가 있습니다. 또 어떤 때는 "좀더 기다려라. 아직 때가 되지 않았다"고 말씀하실 수도 있습니다. 나는 이것도 기록했습니다. 뒤돌아 생각해 보면, 어떤 경우에는 기도를 들어 응답해 주신 경우보다 "안 된다"고 대답해 주신 것이 더 감사합니다. 반드시 들어 주셔야만 한다고 생각했던 것들이 하나님의 지혜로 볼 때는 그렇지 않았다는 것을 나중에야 깨달았기 때문입니다.

전에는, 특히 중요한 기도에 대해서 금방 응답이 없으면, 나는 "이젠, 하나님께서 내 기도를 들어주시지 않는구나" 하고 생각했습니다. 그리고 나아가서는 정말 하나님께서 내 기도를 들어주신 적이 있었던가 하고 의심했습니다. (나의 기억력은 정말 너무도 형편없습니다!)

기도 노트를 보면, 비록 "기다려라"라든가, "아니다"는 응답이 여기저기 눈에 띄긴 하지만, 하나님께서는 나의 필요를 너무도 정확하게 채워 주신다는 사실을 의심할 수가 없었습니다.

어느 날인가 하루는 갑자기, 남편을 위해서 음식을 만들고 빨래하고 다리미질을 하는 시간의 극히 일부만이라도 그를 위해 기도하는 데 들이면 큰 유익이 있을 거라는 생각이 떠올랐습니다. 그래서 그 주간에 적용하기를 하루에 매일 10분씩 남편을 위해서 기도하겠다고 했습니다. 하루 10분 정도의 시간을 들인다고 해서 그날 일에 지장이 있을 것이라고는 생각되지 않았습니다.

기도를 시작하면서 시계를 쳐다봤습니다. 한참 기도를 하고 나서 다시 시계를 흘끗 쳐다봤더니 1분밖에 경과하지 않았습니다.

다시 기도를 시작했는데, 이번에는 그가 만나고 있는 사람들, 그가 하고 있는 일들, 그밖에 다른 여러 가지 것들을 위해 기도하고 있는 자신을 보게 되었습니다. 그러나 나는 남편을 위해서 기도하기로 했던 것이지 남편에 관계된 것들을 위해서 기도하기로 했던 것이 아니었습니다.

마침내 나는 무엇을 위해 기도해야 할지 가르쳐 달라고 기도할 수밖에 없었습니다. 하나님께서는 이 기도를 응답해 주셨습니다. 바로 그날 나는 그때까지 기도는커녕 생각조차도 해본 적이 없던 것들을 위해서 기도하게 되었습니다. 남편에게 그를 위해 기도하려고 한다는 이야기를 하지도 않았는데, 전에는 한 번도 그런 적이 없던 남편이 기도 제목을 주면서 내게 기도 부탁을 하기 시작하는 것이었습니다.

우리들 대부분은 남편에게 충고를 하는 데 많은 시간을 보냅니다. 그런데 이렇게 보내는 시간만큼 그들을 위해 기도하는 데 들인다면 그들의 삶에 얼마나 더 놀라운 일들이 일어날지 모릅니다.

기도 제목을 적는 유익점에 대해 확신하기까지는 불과 몇 달 걸리지 않았습니다. 사탄이 나를 속여 기도 응답을 우연의 일치라고 생각하게 하려고 할 때면, 나는 기도 노트를 열어 구체적으로 기도를 들어주신 사실들을 한번 훑어보는 것만으로도 사탄의 입을 다물게 할 수 있었습니다.

하나님은 우리의 일상적인 필요들을 채워 주실 뿐 아니라, 또한 이것을 기뻐하십니다. "그 종의 형통을 기뻐하시는 여호와는 광대하시다"(시편 35:27). 하나님은 우리에게 기쁨을 주시기를 기뻐하십니다.

기도가 "사랑하는 두 사람 사이의 대화"일진대, 주님께서는 우리가 우리의 필요, 원함, 소원 같은 것들에 대해서 주님께 이야기하기를 원하십니다. 단지 우리의 필요에 대해서만 이야기한다면, 우리는 우리 삶의 다른 광범위한 영역에서는 주님을 멀리하고 있는 것입니다. 주님께서는 삶의 모든 영역에서 우리와 함께하기를 원하신다고 나는 확신합니다. 주님은 모든 것들에 대해 우리가 기도하기를 원하십니다. 우리는 성경으로부터 주님은 모든 좋은 것들을 주시는 분이라는 사실을 알고 있습니다. 그러나, 구하지 않는다면, 바로 주님께서 놀랍고 좋은 모든 것들을 사랑으로 부어 주신다는 것을 어떻게 알 수 있겠습니까?

나는 곧 1학년으로 진급하게 되어, "축복 목록"이라는 것을 사용하기 시작하게 되었습니다.

하루를 살아가면서 나는 사소한 것들을 위해 기도하곤 합니다. 그러면 하나님께서는 이런 것들에 대해서 들어주십니다. 그런데, 때로는 "감사합니다"라는 말 한 마디 제대로 하지 못한 채 지나기도 합니다. 다음날이 되면 그 모든 것들에 대해서는 대부분 잊고 맙니다. 간단한 일기를 쓴다거나 그런 축복들을 기록해 두는 것은 다 쓴 축전지를 다시 충전하는 것과 같은 효과가 있습니다. 어떤 주간에는 121가지의 축복들을 기록한 경우도 있습니다. 하루 동안에 하나님께서 구체적으로 응답해 주신 일들, 말하자면 주차할 곳을 찾게 되었다거나, 잃어버린 물건을 찾았다거나, 화를 참을 수 있었다거나 하는 것들입니다.

몇 해 전에는 하나님께서 "보너스 기도"라는 것을 통해 나에게 큰 기쁨을 주셨습니다. 하나님께서는 우리에게 기쁨을 주시기를 기뻐하신다는 것을 잊지 마십시오. 이 보너스 기도란 단지 하나님께 "가질 수 있었으면 참으로 좋겠다 싶은 것들"을 구하는 것입니다.

야고보는 "너희가 얻지 못함은 구하지 아니함이요"(야고보서 4:2)라고 하며 이어서 이렇게 말했습니다. "구하여도 받지 못함은 정욕으로 쓰려고 잘못 구함이니라"(야고보서 4:3). 나는 이 말씀을 나의 이기심을 만족시키려고 어떤 것을 구하는 것은 하나님께서 좋지 않게 여기시며 따라서 죄가 된다는 의미로 이해했습니다. 그래서 나의 보너스 기도 목록에 있는 것들을 위해서는 다음과 같이 조심스럽게 기도했습니다. "주님, 이것을 갖는 것이 제게 유익하지 않다면, 갖지 않기를 원합니다. 그러나, 이것을 주심으로써 제 마음에 기쁨을 주시기를 원하신다면 이것을 제게 허락해 주시기를 구합니다."

"내 마음의 소원"을 들어주시는 하나님의 넘치는 은혜를 깨달아 가면서 하나님을 향한 나의 사랑도 점차 커져 갔습니다. 하나님은 마지 못해 인색함으로 주시는 분이 아닙니다. 하나님은 자기의 선하심을 따라 내 마음에 넘치는 기쁨과 감격을 주시길 원하십니다.

나의 보너스 기도 목록에는 크고 작은, 또 어리석게도 보이고 우스꽝스럽기도 한 별별 기도 제목들이 다 기록되어 있습니다.

어느 해 여름 우리는 캐나다를 향해 서부 해안을 따라 차를 달렸습니다. 밴프에서 재스퍼 국립 공원까지 세상에서 가장 아름다운 경치를 구경하면서 100킬로를 달렸습니다. 우리 세 식구는 장엄한 광경을 만끽했습니다. 그러나 당시 10살이던 린과, 나는 특별히 야생 동물들을 좀 보기를 원했습니다.

우리가 야생 동물들을 봐야 될 무슨 특별한 필요가 있었던 것은 아닙니다. 단지 우리는 그것들을 보고 싶었을 뿐입니다.

우리는 이 소원을 하나님께 말씀드리기로 했습니다.

우리가 봤던 야생 동물들에 대해 이야기하면 아마 믿지 않으려 할지도 모르겠습니다. 그 100킬로를 달리는 데 거의 하루 종일이 다 걸려야했습니다. 왜냐하면 길이 꼬부라지는 곳마다 차를 멈춰 세우고 밖으로나와 사진을 찍었기 때문입니다. 곰, 사슴, 영양, 산양들을 볼 수 있었습니다. 심지어 재스퍼 시가에서는 사슴이 새끼를 데리고 도로 한가운데를 가로질러 가는 것도 볼 수 있었습니다.

돌아오는 길에 나는 생각했습니다. 여름에 이런 곳에서라면 이처럼 많은 야생 동물들을 볼 수 있다는 게 당연한 이야기가 아닐까? 정말 기도를 했기 때문에 볼 수 있었던 것일까? (아직도 나의 믿음은 더 자라야 했나 봅니다.) 그래서 동물들을 보게 해달라고 기도하지 않았습니다. 그랬더니 돌아오는 길에는 한 마리도 눈에 띠지 않았습니다.

나는 해외 여행과 같은 큰 것을 위해서도 기도했습니다. 보너스 기도 목록에 넣어 기도한 지 2년 후에 우리는 세계 여행을 하게 되었습니다. 그 여행을 통해서 나는 시야를 넓힐 수 있었고 선교사와 다른 민족들에 대한 관심을 깊게 할 수 있었습니다. 여행에 들었던 경비는 자기자녀들에게 주시기를 기뻐하시는 하나님께서 마련해 주셨던 것은 물론입니다.

나는 구두와 새 코트를 위해서 기도했습니다. 당장에 입을 코트가 없다면, 확실히 그것은 필요며 따라서 특별한 기도 제목으로 볼 수 있습니다. 나는 무엇보다도 코트가 필요했기 때문에 그것을 위해서 여러 번 기도했습니다.

몇 해 전 어느 겨울, 내가 입고 있던 코트는 아직 입을 만은 했지만 실밥이 터져 나올 정도로 낡은 것이었습니다. 나는 그 코트가 맘에 들지는 않았지만 그렇다고 확신 있게 새 코트가 필요하다고도 할 수 없었습니다. 그래서 나는 "보너스 기도 목록"에 새 코트를 적어 넣고, 그것이 하나님을 기쁘시게 하는 것이라면 새 코트를 하나 갖고 싶다고 기도했습니다.

나흘이 지나기도 전에 나에게는 세 벌의 코트가 생겼습니다. 나는 두 벌의 코트는 나보다 더 코트를 필요로 하고 있던 친구들에게 기쁜 마음으로 선물했습니다. 그것은 보너스 위에 보너스였습니다.

보너스 기도에 대한 나의 이야기를 들은 어떤 여인이 편지를 보내왔습니다. 그 편지의 내용은 다음과 같았습니다.

나는 보너스 기도 목록으로는 이런 저런 여러 가지 소원들을 생각해 보기는 하지만, 그것을 실제로 기록해 본 적은 없고, 또 그 응답을 기대하지도 않습니다. 나는 금년에는 날씨나 좋았으면 좋겠다고 생각했습니다. 애들을 학교까지 태워다 주어야 하는데 길이 워낙 험해서 이것은 좋은 보너스 기도감이라고 생각했던 것입니다. 그랬더니 하나님께서 얼마나 더 넘치게 응답해 주신지 아십니까? 하나님께서는 7년 전부터 우리가 바라 왔던 학교 버스가 이곳까지 들어오게 해주셨습니다. 내가 구했던 것은 날씨 좀 좋게 해달라는 것이었는데, 하나님께서는 생각지도 못하게 넘치는 응답을 해주셨습니다.

… 나와 함께 성경공부를 하고 있는 한 부인은 기도 생활이 빈약한 것에 대해 도전을 받고 기도를 하게 되었습니다. 이제 그녀는 매일과 같이 기도 응답을 받게 되었고 더 나아가 보너스 기도로, 불가능하게 여겨졌던, 군인인 남편의 진급을 위해서 기도하게 되었습니다. 일주일이 지나도록 아무 일이

일어나지 않았습니다. 그녀는 이렇게 말했습니다. "나는 그저 주님께 '이 보너스 기도에 대한 응답을 들어야만 되겠으니 이 기도를 들으신다는 것을 내게 보여 주십시오'라고 기도했을 뿐입니다." …얼마 후 진급했다는 소식을 듣고 그녀의 남편은 정신을 잃을 정도였습니다.

그녀는 "글쎄, 어쩐지 오늘 그렇게 될 줄 알았다니까요"라는 말만을 되풀이했습니다.

실제로 이런 식으로 구해서는 안 됩니다. 보너스 기도는 달라고 요구할 수도 또한 마치 우리의 권리인 양 주장할 수도 없는 것입니다.

그러나 하나님께서 이 새로운 그리스도인을 사랑하셔서 보너스를 주심으로써 그녀의 믿음이 자랄 수 있도록 도와주시는 것이 아름답지 않습니까?

이소벨 쿤 여사는 한 저서에서, 그녀가 그리스도인이 되기도 전에 하나님께서 자신을 그녀에게 나타내 주셨던, 믿을 수 없을 만큼 놀라운 일들에 대해서 이야기하고 있습니다. 우리는 번번이 "당치도 않게" 기도를 하지만, 하나님께서는 그런 것들까지도 "좋게" 받아 주십니다.

나는 요즈음 기도를 하면서 듣는 법에 대해서 배우고 있습니다. 대부분 우리는 크고 빠른 목소리로 말하느라 하나님께서 말씀하실 수 있도록 기회를 드리지 않습니다.

참으로 힘든 환경 가운데 있을 때 나는 처음으로 귀를 기울여 내 마음에 직접 들려주시는 하나님의 세미한 음성을 들을 수 있었습니다.

역경은 여러 달 동안 계속되었습니다. 나의 세계는 와르르 무너져 내려 나는 널려진 파편들 위를 뒹굴 수밖에 없었습니다. 나의 귀중한 두 친구는 정서 불안으로 병원에 입원했고, 다른 친구, 친지들도 물난

리로 인해 깊고 어두운 시름 가운데 빠져 있었습니다. 우리 집에도 일
층이 물에 잠겨 다시 손을 보고 정리해야 할 수많은 일거리들이 곳곳
에 산적해 있었습니다. 이런 엉망인 상태에서 두 달 동안이나 어수선
한 가운데 지내야 했습니다.

그러던 어느 날 오후 남편은 나에게 정서적으로 불안정한 한 젊은이
가 집에 오기로 되어 있다고 말하면서 거실에서 이야기를 나눌 테니
시끄러운 소리가 들려 오지 않도록 해주었으면 좋겠다는 것이었습니
다. 그 말은 곧 전화기 옆에 붙어 앉아 있다가 벨이 울리면 즉시 전화
를 받아 달라는 이야기였습니다.

나는 맨바닥이 드러나 지저분한 침실로 내려가 침대 곁 전화 바로
옆 시멘트 바닥에 웅크리고 앉아 두 손에 얼굴을 묻었습니다.

거기서 나는 흐느끼며 기도했습니다. 몇 해 전 암송했던 시편 62:8
말씀이 떠올랐습니다. "백성들아, 시시로 저를 의지하고 그 앞에 마음
을 토하라. 하나님은 우리의 피난처시로다." 깊은 근심과 실망에 싸일
때면 나는 하나님 앞에 나아가 모든 불평, 불만, 고민, 갈등 등 모든 것
들을 빠짐없이 이야기하곤 했습니다. 그야말로 "그 앞에 마음을 토했
던" 것입니다.

따뜻하게 귀기울여 주실 뿐 아니라 또한 해결책을 주실 수 있는 하
나님께 모든 문제를 다 가지고 나갈 수 있다는 것이 얼마나 마음 든든
한 일인지 모릅니다.

그날 나는 나의 모든 문제들을 주님께 깡그리 다 털어놓았습니다.
그리고 나서는 이렇게 말했습니다. "주님, 이젠 지쳤습니다. 지금까지
는 어떻게 견뎌 왔지만, 이젠 더 이상 견딜 수가 없습니다. 도망쳐 피하
고 싶습니다."

그리고 나서 나는 기다렸습니다.

주님께서 대답해 주시기를 기다렸습니다.

나는 늘 그랬듯이 주님께서 또 자기의 말씀을 통해 "범사에 감사하라"는 대답을 해주실 거라고 생각했습니다. 그러나 그렇질 않았습니다.

그래서 또 생각하기를, 비록 그렇게 하고 싶은 마음이 일어나지 않는다 할지라도 그 동안 받았던 수많은 축복들을 헤아려 보라고 하실 줄 알았습니다. 그러나 역시 이것도 아니었습니다.

그 대신 하나님께서는 매우 조용한 음성으로, 그렇지만 분명하게 나의 마음에 말씀해 주셨습니다. "그래, 그렇게 하려무나."

나도 모르게 소리가 입 밖으로 나왔습니다. "뭐라고요? 주님!" 아무리 생각해도 무슨 뜻인지 잘 와 닿질 않았기 때문에 나는 '틀림없이 내 생각으로 이 말을 중얼거렸던 것이겠지' 하고 생각했습니다.

그러나, 다시 분명한 명령이 들려 왔습니다. "그래, 피해라. 내 안에 피해."

갑자기 그때에야 비로소 시편에서 하나님을 "피할 바위"라고 한 모든 구절들이 생각났습니다. 나는 하나님께 피한다는 것이 무엇을 의미하는지에 대해서는 한 번도 생각해 본 적이 없었습니다.

곧 나는 성경을 펴서 하나님을 우리의 "피난처"라고 말하고 있는 구절들을 찾아보기 시작했습니다.

나는 얼마나 기뻤는지 모릅니다. 하나님께서 자기 연민의 늪에서 나를 건져 주시고 영원한 바위 아래 피하게 해주셔서 내 모든 걱정 근심은 말끔히 사라지기 시작했습니다.

그 다음주에도 집은 아직 다 정리되지 않았습니다. 사실, 지금껏 문제가 되어 왔던 모든 것들이 아직 여전히 그대로 있었습니다.

그러나, 그 주간 내내 나는 하나님께 "피해" 있었습니다. "어떤 문제들이 나를 둘러싸고 있을지라도 나를 어떻게 할 수는 없어. 나는 하나님께 피해 있거든." 나는 이렇게 생각했습니다. 그것은 사실이었습니다. 희안하게도 정말 그 주간 내내 아무것도 내 마음의 평안을 깨뜨리지 못했습니다. 나는 하나님이 피곤하고 지친 마음과 영혼의 "피난처"라는 의미에 대해서 얼마간 배우게 되었습니다.

그 다음주에는 이렇게 말씀하시는 것 같았습니다. "자, 캐롤, 넌 충분히 오랫동안 피해 있었다. 이제는 나가 싸울 때가 되었다." 그때 나는 다시 싸울 수 있을 만큼 힘과 기운이 회복되어 있었습니다.

나는 하나님께 말씀드리고 나서는 하나님께서 말씀해 주시는 것을 듣는 데 필요한 시간을 내지 않는 경우가 많습니다. 대화란 오고 가야 하는 것이며, 그렇지 않으면 대화가 될 수 없습니다. 기도란 바로 하나님과의 대화입니다. 기도는 우리가 하나님께 말씀드리는 것뿐 아니라, 또한 하나님께서 자기의 말씀을 통해서 대답해 주시고 가르쳐 주시기 원하는 바를 듣는 것입니다. 기도를 할 때 하나님께 귀를 기울인다는 사실이 내게는 비교적 생소한 것이었으며, 따라서 나는 앞으로 전개될 일들이 자못 궁금해지기까지 했습니다.

예레미야는 "여호와의 자비와 긍휼이 무궁하시므로 우리가 진멸되지 아니함이니이다. 이것이 아침마다 새로우니 주의 성실이 크도소이다"(예레미야애가 3:22-23)라고 말했습니다. 그렇습니다. 아침마다 새롭습니다. 오늘 하나님께서 당신을 위해 행하실 새로운 일은 무엇입니까? 또 내게 행하실 새로운 일은? 나는 나의 전생애 동안 매주 한 가지씩 하나님 자신에 대한 **새로운** 사실들을 보여 주시도록 기도해 왔습니다. 이에 대해서 하나님은 성실하게 응답해 주셔서 자기의 거룩하심, 사랑, 광대하심 등에 대해 늘 새로운 모습들을 보여 주셨습니다. 주님은 참으로 여러 가지로 놀라우신 하나님이십니다. 그러나, 우리가 **구하지** 아니함으로 우리는 주님을 잘 깨달아 알지 못합니다.

예수님은 말씀하셨습니다. "지금까지는 너희가 내 이름으로 아무것도 구하지 아니하였으나, 구하라 그리하면 받으리니 너희 기쁨이 충만하리라"(요한복음 16:24).

82 장 아이의 공이 옷 제자리로 끝

막간 : 기도의 시

　나는 요즈음 성경을 읽을 때 하나님께서 생각나게 해주시는 기도를 기록해 두고 있습니다. 그중에 몇 가지를 여기에 소개합니다.

　　주님, 내 안에 자리한 자아의 수많은 군상들.

　　구하옵나니
　　세월의 흐름 속에 그것들이 둥지를 틀지 못하게
　　나를 비우소서.
　　주님으로 충만케 하소서.

　　깎고
　　빗고
　　다듬어
　　만들어 가소서.

　　주님, 이는 무엇보다도
　　주님의 손에 빚어져
　　주님의 영으로 충만해
　　주님의 일에 쓰이고자 함이니
　　나를 비우소서.
　　주님으로 충만케 하소서.

　　주님, 나를 도우소서.
　　주님 내 곁에 함께 계셔 외롭지 않으니

이 얼마나 기쁘고 감사한 일인지요.

주님 언제나 나를 떠나지 않으시니!
감사합니다, 주님.

시집간 딸애는
새 보금자리를 찾아
나를 떠나갔습니다.

그건 좋은 일이지요, 주님.

그러나 나는 때로 그 애가 보고 싶어 견딜 수 없습니다.
그 애의 환한 미소
그 애의 감미로운 말소리
그 애의 반짝이는 예지와 총명.

남편은 멀리 여행을 떠났습니다.
이번엔 함께 갈 수가 없었습니다.
보고 싶어 뼈를 깎는 듯한 아픔
마디마디에 저려 옵니다.

그것도 참을 만은 합니다, 주님.

그러나 주님 내 곁에 함께 계셔 외롭지 않으니
이 얼마나 기쁘고 감사한 일인지요.

감사합니다, 주님.

에베소서 3:16-19로부터

주님,
이제 깨닫게 됩니다.

주님에 관한 지식이 아니라
주님을 아는 것이

사람들과 함께 일하는 방법이 아니라
주님의 얼굴을 찾는 것이

그룹 토의의 원칙이나
복음을 효과적으로 전하는 방법이 아니라

그리스도의 사랑의
넓이와
길이와
높이와
깊이가
어떠함을 깨달아 아는 것이
중요하다는 것을.

오, 하나님 아버지,
주님을 알게 도와주시옵소서.

골로새서 3:1-11로부터

주님,
이 세상의 썩어지고 없어질 것들에
너무 쉽게 내 마음 빼앗겨
염려와
갈등과
고통이 그치지 아니합니다.

좋은 일들도 있긴 합니다.
딸애의 결혼
과자를 구워 내놓는 즐거움
남편에게 안식처를 제공하는 일.

그러나, 주님 말씀하셨습니다.
"위엣 것을 생각하고 땅엣 것을 생각하지 말라."

이는 주님을 늘 생각하며
영원한 것들에 초점을 맞추고
이 세상에 있는 집보다 하늘나라에
더 마음을 두라는 말씀이지만

하늘나라는 잠깐 잠깐 머리를 스쳐 지나갈 뿐

나의 관심은 아직도 이 땅에 머물러 있습니다.

제게 변화가 필요하오니,
주님, 저를 도와주시옵소서.

요한일서 4:18로부터

사랑하는 주님,
주님 말씀하셨습니다.
염려는 두려움의 하나며
"온전한 사랑이 두려움을 내어쫓나니"
온전한 사랑에는 두려움이 없느니라.

주님을 진정으로 온전히 사랑할진대
나의 신뢰는 전적으로 주님께 있나이다.

나는
딸 린이 폭풍우 속에서 차를 달리고 있을 때
짙은 안개로 삶의 키를
어디로 틀어야 할지 알 수 없을 때
누가 나를 비난할 때
남편 잭이 돌이킬 수 없는 실수를
저질렀다고 느끼고 있을 때
할 일은 쌓였는데 시간은 없을 때
무기력과
피곤과
좌절 가운데서도
두려워하지 않을 것입니다.

염려는 두려움이라.
강하신 주님

앞서 행하사
날 돌보시니
내가 왜 염려하리요?

나를 도우소서, 주님.

야고보서 3장으로부터

오 하나님,
이 아픔을…

내 안에 모든 더러운 것들이 있음을 알았습니다.

번드레한 모든 종교적 가식의 껍질 속에
산더미 같은 오물을 담고
아무도 모르게 꼭꼭 숨어
내 마음이 자리잡고 있습니다.

주님께서 그 껍질을 벗기셨습니다.

이 아픔.
이 고통.

이기적인 욕망을 떨쳐 버리고
다른 이들에게 쓴 질투심을 품지 않게 해달라고
기도해 왔지만

지금도 거기
교묘하고
흐릿하게
얼룩져 있는 흔적들

깨끗케 해주소서, 주여.

요한계시록 5장으로부터

모든 영광과 존귀를 받으시기에 합당하신 주님!

오늘 주님의 말씀을 읽었습니다.
하늘 위
땅 위
땅 아래
그 어디에도

사람
천사
그 어느 누구도
주님처럼 존귀하신 분은 없었습니다.

아무도 생명을 준 사람이 없었기에
그 생명책을 열 수 없었습니다.

그때 주님께서
죽임당하신 어린양의 모습으로 나오셔서
그 생명책을 여셨습니다!

주님은 찬양을 받으시기에 합당하신 분입니다.

이는 주님께서
모든 인종,
모든 족속,
모든 민족들 가운데서

막간 : 기도의 시 91

인간을 구원하셨기 때문입니다.

주님 저를 구원하셨으니

감사를 드립니다.

8 / 탐구하는 마음

콜로라도 새 집으로 이사와서 내가 맨 처음 벽에다 붙였던 것은 꽃무늬가 있는 세 개의 조그만 타일이었는데, 그 타일에는 각각 "믿음," "소망," "사랑"이라는 글자가 새겨져 있었습니다. 나는 그것들을 손님 욕실에다 정성스럽게 붙였습니다.

이사온 지 얼마 되지 않아 기후가 건조했던 탓으로 그중에 하나가 떨어져 깨어져 버렸습니다. 식구 중 누군가 그것을 쓸어 담아 버리고 나서 내게 이야기해 준다는 것을 그만 깜빡 잊어버리고 있었습니다.

나중에 집안 청소를 하다가 나는 하나가 없어진 것을 알게 되었습니다. 그때 이런 생각이 들었습니다. 끔찍하기도 하지. "소망"이 사라졌네!

그 당시 나는 소망에 대해서 별로 생각해 보지 않았습니다. 그러나 소망이 없다면 얼마나 비참하겠습니까? 물론 "그러길 바래" 하는 식의 소망을 말하는 것은 아닙니다. 성경이 이야기하고 있는, 그리스도 예수 안에서 구체화된 소망을 말하는 것입니다. 그리스도는 우리의 소망이라고 성경은 말합니다. 우리의 확실한 소망이신 그리스도를 통해서만이 우리는 하나님께서 약속하신 모든 것들이 우리의 것이 되었음을 알수 있습니다. 많은 약속들이 우리가 살고 있는 이곳에 현재를 위해 주어졌습니다. 그러나 더 많은 약속들이 장차를 위해 주어졌습니다.

그 다음 주에 나는 소망에 관한 말씀들을 성경에서 찾아보았습니다. 그것들은 침실에서 혼자 소리내어 웃게 할 만큼 내게 큰 기쁨을 주는 말씀들이었습니다. 갑자기 하나님의 말씀이 주는 기쁨에 대해서 생각이 났습니다. 다윗은 하나님의 말씀이 자기의 **즐거움**이라고 말했습니다(시편 119:24). 그리스도인의 삶을 시작하면서부터 하나님의 말씀은 즐거움이 될 수 있지만, 나의 경우는 몇 해가 지나서야 그렇게 되었습니다.

어떤 사람이 이런 질문을 던진 적이 있습니다. "당신의 남편에게 '경건하다'고 생각하는 여인의 이름을 들어 보라고 한다면, 그는 누구를 들겠습니까?"

내 머리에 처음으로 떠오르는 생각은 글쎄, 틀림없이 나는 아니겠지! 라는 것이었습니다.

두 번째로는 이런 생각이 떠올랐습니다. 그래, 맞아. 그렇지만, 왜 안되는 거지?

그때서야 나는 "경건의 비밀"에 대해서 말해 주고 있는 베드로후서 1:3-8을 찾아보게 되었습니다.

베드로는 하나님께서 그의 신기한 능력으로 "생명과 경건에 속한 모든 것을" 우리에게 주셨다고 말합니다(3절). 그리스도를 모셔들인 순간 우리는 참으로 경건하기 위해 필요한 모든 것을 다 소유하게 되었습니다. 뭔가 더 더해져야 하거나 자라야 하는 것이 아닙니다.

계속해서 그는 이렇게 말합니다. "우리를 부르신 자(그리스도)를 앎으로 말미암음이라." 경건에 이르는 비결은 그리스도를 참으로 아는 데 있습니다. 그리고 그리스도를 아는 비결은 4절의 "보배롭고 지극히 큰 약속"인 말씀을 아는 데 있습니다.

그는 이어서 우리가 어떻게 하면 이 약속들을 배우고 익혀서 우리의 것으로 할 수 있는지에 대해 이야기합니다(5-8절). 그 열쇠는 부지런함, 곧 근면과 훈련에 있습니다.

우리는, 아니 적어도 나는 그 말들을 좋아하지 않습니다. 그러나, 백만 달러 상당의 금이 당신 집 뒤꼍에 묻혀 있다고 한다면, 당신은 그걸 그냥 거기 놔둘 만큼 어리석지는 않을 것입니다. 그걸 파내기 위해서는 어느 정도의 수고가 다르겠지만, 당신은 그런 것에 개의치 않고 틀림없이 시간을 내서 그것을 파낼 것입니다. 그렇지 않으면 당신은 백만장자가 될 수 있을 텐데도 불구하고 굶어 죽고 말 것입니다.

우리는 다음과 같은 다섯 가지 방법으로 하나님의 말씀 안에 들어 있는 영적 보물들을 "캐낼" 수 있습니다.

- 듣기
- 읽기
- 공부
- 암송
- 묵상

우리들 대부분은 말씀을 많이 들으며, 어느 정도 읽기는 하지만, 공부하는 것은 거의 없고 더구나 암송은 전혀 하질 않으며, 묵상을 하되 체계적으로 하지 않고 되는대로 합니다.

이와 같이 말씀을 섭취하는 각각의 방법을 손가락 하나하나에 대응시켜 나타내 보면 다음과 같은 손 모습이 되어야 합니다.

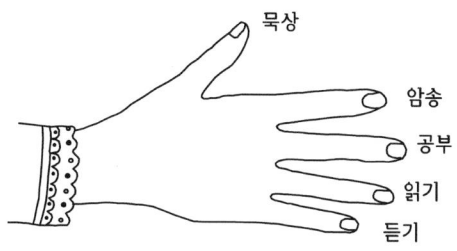

처음에 나의 이 말씀을 섭취하는 "손"은 대단히 이상스러운 모습이었습니다. 그것은 아래와 같은 모습을 하고 있었습니다.

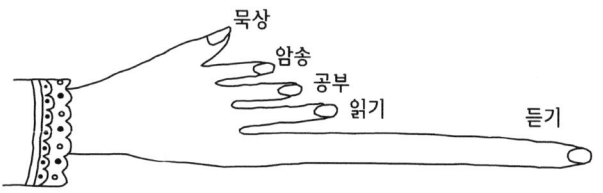

나는 성경을 지속적으로 공부하지 않고 있었으며, 암송도 전혀 하지 않고, 말씀을 어떻게 묵상하는지에 대해서도 알지 못했기 때문에 알고 있는 말씀을 생활에 적용하는 것도 거의 없었습니다. 지난 3장에서 나는 어떻게 암송과 묵상을 시작하게 되었는지에 대해서 이야기했습니다. 어느 정도 시간이 지난 다음, 나는 간단한 성경공부 방법을 배우게 되었는데, 이것은 나로 하여금 하나님의 보물을 캐낼 수 있도록 도와주었습니다.

내게는 간단한 방법이 필요했습니다. 내가 배웠던 복잡한 성경공부 방법들은 가치가 있는 것이긴 했지만, 그것은 그 방법대로 공부할 수 있는 힘이 있을 때의 이야기입니다. 그 방법들은 우리가 맡고 있던 고등학생 초신자들을 돕는 데 사용할 수는 없었습니다. 그래서 한 차례 전력을 기울여 공부하고 나면, 성경공부가 흐지부지되어 버리고 다시 힘을 얻어 시작할 때까지는 몇 달이 지나야 하곤 했던 것입니다.

그런데 나만 그런 게 아니라는 사실을 알게 되었습니다.

남편은 40명의 주일학교 교사와 교회 지도자들에게 어떤 방법으로 지속적으로 성경공부를 하며 또 얼마나 많은 시간을 들이고 있느냐는 설문지를 돌렸습니다.

그 다음날 저녁 그것들을 종합해 정리해 봤을 때 슬픈 결과가 나타났습니다.

주일학교에서 가르치기 위해 공과를 준비하는 것 말고 정기적으로 개인적인 성경공부를 하고 있는 사람들은 그 40명 중에서 불과 일곱 명에 지나지 않았습니다. 일곱 명 중에서도 네 명은 날마다 경건한 신앙 서적을 읽는 것을 성경공부로 생각하고 있었으며, 한 명은 기독교 방송을 듣는 것을 성경공부로 생각하고 있었습니다. 그 일곱 명 중에서 오직 두 명만이 그들 자신의 개인적인 성장을 위해서 매주 체계적으로 정말 성경공부다운 성경공부를 하고 있었습니다.

나는 곧 한 가지 성경공부 방법을 배우게 되었습니다. 나는 그것을 네비게이토 선교회를 통해 배우게 되었는데, 매우 간단한 방법이어서 성경의 한 구절이나 문단 또는 장 단위로도 공부할 수 있었습니다. 처음에는 이처럼 간단한 방법인데도 어떤 일정한 양식을 따라 해야 한다는 것 때문에 성경공부를 온전히 즐기지는 못했습니다. 그러나 그 방법이 간단했기 때문에 말씀을 파헤치는 데 그렇게 큰 힘을 들이지 않고 진리를 캐내는 기쁨을 맛볼 수 있었습니다. 그 방법은 설명해 주기가 쉬워 새 신자나 아직 그리스도는 모르지만 성경공부를 원하는 사람들에게 가르쳐 주기도 좋았습니다.

이 공부는 네 단계로 되어 있습니다.

1. 이것은 무엇을 말하고 있는가? 내 문제의 반은 성경이 무엇을 말하고 있는가-다시 말해, 그 참의미가 무엇인가를 모르는 것으로부터 비롯되었습니다. 그래서 나는 성경 말씀을 내 자신의 말로 다시 쓰기 시작했습니다. 말하고자 하는 바를 충분히 알았다고 생각될 때까지 그 구절이나 본문 내용을 앞뒤 문맥 가운데 읽어 본다든지 다른 번역을 찾아본다든지 해서 다시 풀어 써보는 것입니다.

2. 내가 이해하지 못하는 말씀은 무엇인가? 나는 본문 내용에 대한 의문점을 찾고 또 이것을 성경을 찾아 해결하는 법을 배웠습니다. 처음 나의 질문들은 피상적이며 그 문맥 안이나 다른 구절들로부터 쉽게 답을 찾을 수 있는 것들이었습니다. 시간이 지나면서 나는 보다 더 많은 시간과 연구를 요하는 질문들의 가치를 알게 되었습니다. 심층 질문이라고 할 수 있는 이 질문들은 쉽게 답을 찾을 수가 없었습니다. 나는 성경이 지닌 의미와 그 깊이는 참으로 다 헤아릴 수 없이 무궁무진하다는 것을 발견하게 되었습니다.

또한 내가 발견할 수 있었던 것은 내 질문들에 대한 답을 반드시 찾아야 되는 것은 아니며, 내가 이해하지 못하는 것들에 대해서 실제로 한번 생각해 보는 것으로도 족하다는 것이었습니다. 훨씬 나중에 가서야 답을 알게 되는 경우가 종종 있었으며, 때로는 그 다음 공부를 하면서 알게 되는 경우도 있었습니다.

3. 다른 성경 구절들에서는 어떻게 말하고 있는가? "성경의 가장 좋은 해설서는 성경 그 자체다"라고 말한 사람이 있습니다. 그래서 나는 공부하고 있는 구절의 보다 구체적인 의미를 알아보기 위해서뿐만 아니라, 질문에 대한 답을 알아내기 위해서 다른 성경 구절들을 찾아보게 되었습니다. 나는 질문 내용을 중심으로 간단한 주제별 성경공부를 시작하게 되었으며 이런 식으로 해서 하나하나 놀라운 진리들을 알아 가게 되었습니다. 그러나 새 신자의 경우는, 참조 구절 하나만 찾아봐도 발견의 기쁨을 누리기에는 충분한 경우가 종종 있습니다.

4. 이것은 내게 무엇이라고 말하는가? 이 부분이 가장 어려운, 그렇지만 가장 중요한 부분입니다. 이것은 앞부분에서 이야기했던 적용에 해당합니다. 성경은 어떤 구절이든지 하나님께서 나에게 직접 말씀해 주시는 내용이 될 수 있습니다. 그 구절들의 내용을 어떻게 실제 삶에 적용할 수 있는지 그 방법이 필요했는데 하나님께서는 그것을 내게 보여 주셨습니다.

이 공부 방법은 어떻게 해 나가기를 원하느냐에 따라 간단하게 할 수도 있고 또 깊이 할 수도 있습니다. 10분 만에 할 수도 있고, 10시간이 걸릴 수도 있습니다. 이 방법은 성장하는 그리스도인에게 가르쳐 주기 쉽고 또 실제적이며 유익한 방법이 될 수 있습니다.

이번주에 다음 구절을 가지고 이 방법으로 성경공부를 해보기 바랍니다. "너는 마음을 다하여 여호와를 의뢰하고, 네 명철을 의지하지 말라. 너는 범사에 그를 인정하라. 그리하면 네 길을 지도하시리라"(잠언

3:5-6).

다음주에는 한 문단, 예를 들어, 빌립보서 4:1-9을 가지고 하십시오. 그리고 그 다음주에는 야고보서 3장과 같은 한 장 전체를 가지고 공부를 해보는 것도 좋을 것입니다.

어떤 아가씨가 있었습니다. 그녀는 책을 한 권 선물 받아 신이 나서 읽어 보았지만 재미가 없었습니다. 그래서 처음 몇 장을 읽고 나서는 한쪽에 밀쳐 놓고 말았습니다.

몇 달 후 그녀는 배를 타고 가다가 한 청년을 만나 사랑에 빠지게 되었습니다. 어느 날 그녀가 그에게 말했습니다. "내 서재에 있는 어떤 책의 저자의 이름이 당신의 이름과 똑같답니다."

"그 책 이름이 뭔데요?" 그가 물었습니다.

그녀가 그에게 대답해 주자 그가 말했습니다. "이상할 것도 없지요. 그 책은 바로 내가 썼으니까요."

다행히도 그는 그녀에게 그 책에 대해서 어떻게 생각하느냐고 묻질 않았습니다.

그녀는 집에 돌아오자마자 그 책을 찾아 내 먼지를 털어 내고 처음부터 끝까지 샅샅이 읽었습니다.

어떻게 해서 그런 차이가 나게 되었습니까? 그녀가 그 책의 저자를 만나 사랑에 빠지게 되었기 때문입니다.

우리가 그리스도를 만나 사랑에 빠지게 되면, 성경은 우리에게 지금까지와는 전혀 다른 의미를 가진 책이 됩니다. 그는 성경의 저자이십니다. 우리가 말씀이 어려워 이해하지 못할 때, 저자 자신이 직접 그 책을 풀어 설명해 주십니다. 또한 그리스도의 영이 그 말씀의 내용에 대한 비춤을 줌으로써 우리는 더욱더 그를 사랑하게 됩니다.

나는 보물을 발견하기 시작했습니다. 그 기쁨은 이루 말할 수 없을 정도였습니다. 오늘도 나는 하나님의 보물 창고에 이르는 문을 열어 보물을 캐내길 원합니다. 그 안에 있는 보물을 보고 싶어 견딜 수 없을 지경입니다.

102 한 아이의 영어 중 제자학 길

9 / 기뻐하는 마음

월요일이었습니다. 달력을 바라봤습니다. 그날의 날짜가 나를 빤히 되쏘아 봤습니다. 그날은 너무 큰 무게로 나를 눌러 왔습니다.

그 월요일에 무슨 특별한 잘못된 일이 있었던 것은 아니었습니다. 그렇다고 무슨 좋은 일이 있었던 것도 아니었습니다. 남편은 일주일 전에 출장을 떠나 다음 한 주가 더 지나서야 돌아오게 되어 있습니다. 나의 시야를 밝혀 주는 것은 아무것도 없는 것 같았습니다. 머리 위에는 먹장구름 한 조각이 걸려 있었습니다.

그날은 내 기억에 생생합니다. 바로 그날 나는 그리스도인의 삶의 **기쁨**에 대한 것을 배울 수 있었기 때문입니다. 어려운 시험의 날을 맞아 그리스도인들은 그 시험을 "**기쁘게 여겨야**"(야고보서 1:2) 합니다. 그렇지만 도대체 어떻게 **그렇게** 할 수 있단 말인가?

"은혜"를 "자격 없는 사람에게 베푸는 호의"라고 정의하는 사람들도

103

있지만, 나는 이것을 "나에게 필요할 때면 주어지는 모든 것들"이라고 정의합니다. 이것은 신학적으로 가장 적절한 정의가 아닐는지는 모르지만, "은혜"에 대한 여러 성경 구절들을 공부하고 나서 내 나름대로 얻은 결론입니다.

그처럼 우울한 월요일에 내게 필요했던 것은 무엇입니까? 아마도 내게 필요했던 것은 성경공부를 인도할 수 있는 능력이라든가 상담을 위한 지혜가 아니었을 것입니다. 차도 없이 집안에 틀어박혀 하루가 헛되이 지나 버린 것 같았습니다. 내게는 단지 다음 구절의 진리를 실감할 수 있을 만큼 내 마음에 "넘치는 기쁨"이 필요했습니다. "이 날은 여호와의 정하신 것이라. 이 날에 우리가 즐거워하고 기뻐하리로다"(시편 118:24).

스위치를 올리면 전기가 들어오듯 그렇게 즉각적으로 얻을 수 있는 인스턴트 "기쁨"이란 없습니다. 기쁨으로 연결해 주는 크랭크나 기쁨을 뿜어 올려 주는 펌프도 없습니다.

내게는 하나님의 은혜가 필요했습니다.

그래서 나는 기도했습니다. "주님, 오늘 제게 필요한 것은 주님의 은혜입니다. 제게 은혜를 내려 주셔서 성령의 열매인 기쁨을 누리게 해 주십시오. 기쁨에 찬 마음을 주시길 기도합니다."

하나님은 이 기도를 응답해 주셨습니다. 신나는 날이었습니다. 어떤 특별한 일이 일어나서가 아니라, 하나님께서 하루하루를 그 자체로서 특별하게 만드셨기 때문입니다.

다음과 같은 짤막한 글귀가 있습니다.

천리 길을 걸어야 하는 인생은 고해
몇 십 리 길에도 땀방울이 솟는다.

하지만, 한 걸음 한 걸음은 누워서 떡 먹기.

"한 걸음 한 걸음"을 온전히 하나님께 맡기고 걸으면 인생은 즐겁습니다. 우리 마음속에서는 언제나 그 같은 작은 기쁨들이 샘솟아야 합니다. 그러나, 우리 마음에 그러한 기쁨이 전혀 없다면, 우리는 기쁨의 원천이 되시는 하나님과의 관계에 뭔가 잘못이 있다는 것을 알아야 합니다. 기쁨은 성령의 열매입니다(갈라디아서 5:22-23). 따라서 주님과 함께하는 삶에는 마땅히 기쁨을 기대할 수 있는 것입니다.

성경에 보면 "기쁨"과 "행복"이란 말을 서로 뒤섞어 가며 쓰고 있는데, 나는 그 두 말에 서로 차이가 있다고 봅니다. 행복이란 주로 환경에 좌우되어 쓰이는 말 같습니다. 병이나 수술, 비극, 죽음 등으로 인해 행복하지 못하다고 말합니다. 그러나, 거기에도 기쁨은 항상 있어야 하며 사라져서는 안 됩니다.

하나님이 참기쁨의 원천이시라면, 우리 그리스도인의 삶 가운데 있는 즐거움은 하나님을 깨달아 아는 것에 그 뿌리를 내리고 있어야 합니다. 로마서 12:12은 다음과 같이 풀어 쓸 수도 있습니다. "네 즐거움의 근거를 그리스도 안에 있는 소망에 두어라." 시편 기자는 하나님에 대해서 이렇게 썼습니다. "저로 영영토록 지극한 복을 받게 하시며 주의 앞에서 기쁘고 즐겁게 하시나이다"(시편 21:6).

이 얼마나 놀라운 말씀입니까! 다음과 같은 시편 기자의 말은 어떻습니까? "여호와는 나의 힘과 나의 방패시니 내 마음이 저를 의지하여 도움을 얻었도다. 그러므로 내 마음이 크게 기뻐하며 내 노래로 저를 찬송하리로다"(시편 28:7).

나는 이것을 머리로는 이해했지만, 30cm 아래에 있는 마음으로까지 내려가 느끼는 데는 한참씩이나 걸려야 하는 때도 있었습니다.

그래서 나는 깊이 생각했습니다. 어떻게 지속적으로 기쁨을 누릴 수 있을까? 하나님께서는 은혜로 기쁨을 주시는데, 어떻게 하면 나는 그것을 삶의 한 부분으로 계속해서 유지할 수 있을까?

그 결과 나는 몇 가지 요소들이 함께 섞일 때, 삶에 "넘치는 기쁨"이 따른다는 결론을 얻었습니다.

그 첫 번째 요소는 기도 안에서 "기적의 비행기를 타고 살아가는 것"입니다. 이 말은 곧 보너스, 축복, 원함, 일상적인 필요와 같은 모든 것들에서 하나님을 찾는 것을 의미합니다. 예수님은 내게 "구하라, 그리하면 받으리니 너희 기쁨이 충만하리라"(요한복음 16:24)고 말씀해 주셨습니다. 충만한 기쁨은 기도를 통해서 하나님을 얼마나 찾고 그 응답을 구하고 있느냐 하는 것에 크게 달려 있습니다.

기쁨은 또한 하나님의 말씀을 통해 하나님을 얼마나 분명하게 바라보느냐 하는 것에도 달려 있습니다. 예수님은 말씀하셨습니다. "내가 이것(말씀)을 너희에게 이름은 내 기쁨이 너희 안에 있어 너희 기쁨을 충만하게 하려 함이니라"(요한복음 15:11).

여기에 그 기쁨이 있습니다. 나는 그 기쁨이 없이는 살 수 없습니다. 내 기쁨의 깊이는 하나님의 말씀이라는 기름진 땅 속에 얼마나 깊이 그 뿌리를 내리고 있느냐 하는 것에 달려 있습니다.

기쁨의 또 다른 요소는 하나님의 크신 사랑을 개인적으로 깊이 알고 받아들이는 것입니다.

캘리포니아에 있는 어떤 공동묘지에 한 작은 여자애와 남자애 그리고 강아지의 살아 있는 듯한 대리석상이 서 있습니다. 그 받침대에는 이것을 세운 사람의 신조가 새겨져 있는데, 그 한 부분을 소개하면 다음과 같습니다. "나는 무엇보다도 우리에게 사랑의 미소를 띠고 계시는 그리스도를 믿는다."

그러나 나는 어떠한가? 나도 정말로 그렇게 믿는가? 어릴 적에 나는 종종 하나님께서 나를 보고 얼굴을 찡그리신다고 생각했습니다. 이제는 하나님께서 나를 보고 미소를 짓고 계신다는 것을 압니다. 나는 사도 바울이 우리에게 가르치고자 했던 진리를 깨달아 가고 있습니다. "하나님께서는 우리에게 풍성한 은혜를 주셨습니다 – 그것은 하나님께서 우리를 가장 잘 이해하시고 언제나 우리에게 가장 좋은 것이 무엇인가를 가장 잘 알고 계시기 때문입니다"(에베소서 1:8, 리빙바이블).

우리를 향하신 하나님의 크신 사랑을 조금이라도 깨닫고 몸으로 느낄 수 있다면, 샘솟는 기쁨이 우리 삶의 어두운 구석구석에까지 흘러넘치게 될 것입니다.

우리는 우리 자신에 대해 언짢게 생각하는 감정을 감쪽같이 숨기고 있을 수도 있습니다. 당신이 도저히 벗어날 수 없는 한 사람 곧 당신 자신을 좋아하지 않고는 기쁨을 누리기가 힘이 듭니다. 또한 하나님께서 우리를 졸작으로 만드셨다고 생각한다면, 하나님께서 우리를 사랑하신다는 것을 참으로 받아들일 수 없습니다. 마음속으로 우리는 하나님의 큰 실패작이라고 믿는 사람들이 있습니다. 부모, 스승, 친구, 동료들과의 관계 및 삶의 경험들을 통해 이러한 생각이 더 굳어지는 것 같습니다.

그렇다면 우리는 사실을 잘못 알고 있는 것입니다. 성경은 우리에게 말합니다. "하나님이여, 주께서 저를 보시고 완전하다고 하셨사오니"(시편 4:1, 리빙바이블). 또한 이렇게 선언합니다. "하나님께서 이 세상을 창조하시기 전에 이미 그리스도를 통해서 이루실 일을 정하시고 우리를 하나님의 것으로 택하여 주셨습니다. 그리고 하나님께서는 우리를 친히 보시기에 흠이 없는 거룩한 사람으로 만들려고 작정하셨습니다. 하나님 앞에 서 있는 우리는 그분의 사랑 속에 싸여 있는 것입니다"(에베소서 1:4, 현대어성서).

당신은 하나님께서 우리를 완전하다고 말씀하실 뿐 아니라 또한 "완전케 하신다"(시편 138:8)는 것을 압니까? 하나님은 우리를 "영광으로 영광에 이르게"(고린도후서 3:18) 하십니다. 바울은 우리가 찌끼에서 영광으로 변화되어 가는 것이 아니고 "영광으로 영광에" 이른다고 말합니다.

나를 완전하다고 선언하시고 또 실제로 그렇게 완전하게 만들어 가시는 하나님의 크신 사랑을 안 것이 내게 얼마나 큰 자유로움을 느끼게 해주었는지 모릅니다.

우리가 그 사실을 이해할 수 있을 때, 우리는 변화되어 나가고 있는 우리 자신을 용납할 수 있습니다. 하나님은 내게 많은 변화가 필요하다는 것을 아십니다. 나는 하나님께서 한꺼번에 200가지나 20가지의 것들을 변화시키시지 않고 오직 한 번에 한 가지씩 변화시키신다는 것에 대해서 감사하고 있습니다. 그것을 하나님께 맡기면 하나님은 그 영광의 단계로부터 그 다음 영광의 단계에 이르도록 계속 변화시켜 가십니다.

우리는 많은 사소한 일들에서 자신을 용납하기가 어렵다는 것을 압니다. 그 예로 나의 경우는 뭘 엎지르는 것입니다. 왜 그런지 잘 모릅니다. 아마도 너무 급히 서두르기 때문인지도 모르지만, 어쨌든 그렇게 엎지르기를 잘 합니다. 빵을 다 굽고 나면, 부엌 안은 마치 광풍이 한바탕 쓸고 지나간 것 같습니다. 성찬식 때 흰 정장에 포도주를 흘린 사람은 나밖에 없을 것입니다. 그것도 한 번이 아니고 두 번씩이나 말입니다.

하나님은 나의 남편을 통해서 하나님의 놀라우신 용납에 대한 살아 있는 본을 보게 해주셨습니다. 내가 뭘 엎지를 적이면 그는 "어쨌든 나는 당신을 사랑한다"는 투로 씩 웃고 맙니다. 그는 나로 하여금 나 자신을 용납할 수 있도록 도와주어 이제는 나도 뭘 엎질렀을 때는 어깨를 한 번 으쓱하며 웃고 맙니다. 요즈음에는 나의 감정과 실수를 훨씬 더 잘 용납할 수 있게 되었는데 이것은 다 남편의 사랑과 용납을 통해 하나님을 보기 때문입니다.

자신을 용납할 수 있을 때 또한 다른 사람들을 용납할 수 있게 됩니다. 심리학적으로, 다른 사람들에 대한 용납은 자기 자신을 얼마나 잘 용납할 수 있느냐는 것과 밀접한 관계가 있다고 합니다.

내가 자라 온 배경에서 볼 때 "늦는다"는 것은 좋지 못한 말이었습니다. 나는 어렸을 때부터 늦어서는 안 된다는 것이 머리에 박혀 있어서 늦는 것에 대해서는 아무리 그러지 않으려고 해도 거부감을 느끼게 됩니다. 그래서 수년 동안 나는 언제나 시간에 늦는 사람들을 내 마음에서 따돌리고 미워했습니다.

그러나, 늘 엎질러 대는 나 자신을 용납하게 되고부터는 습관적으로 늦는 다른 사람들도 용납할 수 있게 되었습니다.

내게 있어서 그리스도인 삶의 기쁨은 다음과 같은 것들에 달려 있습니다. (1) 하나님께서 보내 주신 사랑의 편지를 즐김, (2) 일상 생활에서 기도를 들어주시는 하나님 보기를 기대함, (3) 하나님의 크신 사랑을 받아들임, (4) 자신을 좋아하며 자신과 다른 사람들을 용납함.

그것이 쉽지는 않습니다.

사실, 그것이 불가능합니다.

한 걸음 더 나아가지 않고는 불가능합니다.

어느 토요일 나는 청소를 하고 있었는데, 웬일인지 세상의 무거운 짐들이 내 머리 위를 짓누르고 있는 것 같았습니다. 나는 깊은 시름과 염려에 잠겼습니다. 나의 삶에는 확실히 기쁨이 없었습니다.

나는 그리스도께서 하셨던 말씀이 떠올랐습니다. "수고하고 무거운 짐 진 자들아, 다 내게로 오라. 내가 너희를 쉬게 하리라"(마태복음 11:28). 내게는 그 쉼이 필요했습니다.

그래서 나는 기도했습니다. "주님, 어떻게 하면 쉴 수 있을까요? 남편의 곁에 필요한 사람은 이처럼 무거운 마음을 가진 사람이 아닙니다. 주님은 제가 무거운 짐들로 고생하기를 원하시지 않는다고 하셨습니다. 이젠 지긋지긋합니다. 그렇지만 어떻게 해야 합니까?"

바로 그때 내 머리 속에는 선명한 장면이 하나 떠올랐습니다.

나는 크고 멋있게 생긴, 상상을 초월하는 성능을 가진 최신형 버스를 기다리고 있었습니다. 무임 승차권을 가지고 신나는 여행을 떠나는 길이었습니다. 나는 버스에 오르면서 그 승차권을 운전기사에게 냈습니다.

버스에는 모든 안락 시설들이 갖추어져 있었습니다. 각 좌석마다 뒤로 젖혀 누울 수 있게 되어 있는 안락의자에 조그만 테이블이 곁에 딸려 있었고 또 차내의 냉장고에는 갖가지의 맛있는 음식이 구비되어 있었습니다. 훌륭한 책들은 물론 심지어는 꽃꽂이까지 되어 있어 승객들이 즐길 수 있었습니다.

그러나, 버스에 올라서서 나는 이상한 사람들을 보게 되었습니다. 한 남자가 자기 자리에 앉아 쉬지 않고 통로에 서 있었는데 양손에는 무거운 가방을 들었고 등에는 짐을 지고 있었습니다. 그는 땀을 뻘뻘 흘리고 있었습니다.

무엇을 하고 있는 거냐고 묻자 그는 이렇게 대답했습니다. "나는 일전 한 푼 내지 않고 이런 멋진 여행을 하게 되었단 말입니다. 버스에 내 몸 하나 싣는 것만도 고마운데 내 짐꾸러미까지 신세를 져서야 되겠습니까? 그래서 거들고 있는 중이랍니다."

버스가 출발하자 또 한 사람은 통로에서 뛰기 시작했습니다. 그는 가벼운 운동복 차림에 많은 땀을 흘리고 있었습니다.

나는 그에게 왜 뛰느냐고 물었습니다.

그는 이렇게 대답했습니다. "당신도 아시다시피 저는 완전히 공짜로 이 버스를 타고 여행을 하게 되었답니다. 그렇지만 이 버스가 우리 모든 사람들을 다 목적지까지 실어다 줄 수 있을지는 의문이군요. 그래서 조그만 힘이라도 보탬이 될까 해서 이렇게 달리고 있는 거랍니다."

다음에 내 눈길은 앞쪽에 앉아 있는 어떤 여자에게 가 닿았습니다. 그녀는 자기 좌석 앞부분에 꼿꼿하게 몸을 세우고 앉아 안절부절못하며 운전 기사의 어깨 너머로 앞쪽을 뚫어지게 응시하고 있었습니다.

운전 기사 뒷좌석에 앉아 잔소리를 해대는 사람들을 가끔 보긴 했지만 그녀처럼 심한 사람은 처음 봤습니다. 그녀는 소리를 질러 댔습니다. "앗, 저기 구덩이를 조심하세요. …앞에 심한 커브 길이 나오는군요. 조심하세요 …언덕도 있군요 …너무 빨리 달리지 마세요 …언덕 너머에는 무엇이 있나요?" 이런 식으로 계속해서 그녀는 잔소리를 멈추지 않았습니다.

마침내 운전 기사는 버스를 멈추고 우리를 바라보며 말했습니다. 그의 얼굴은 친절하고 온유하면서도 강인한 빛을 띠고 있었습니다. 그의 목소리는 부드러웠지만 단호했습니다.

"여러분, 우리는 멋진 여행길에 나섰습니다. 때로는 거칠고 위험한 길을 지나기도 하며, 때로는 아름다운 계곡과 평화롭게 펼쳐진 푸른 풀밭을 지나기도 할 것입니다. 그리하여 우리는 여러분이 지금껏 생각해 보았거나 꿈꾸어 보지도 못한 대단히 아름다운 곳에 도착하게 될 것입니다.

"제가 책임을 지고 여러분을 그곳까지 모셔다 드리겠습니다!

"저는 이 길을 수도 없이 많이 다녔습니다. 저는 길 어디에 구덩이가 있으며, 또 어디에 커브 길이 있으며 언덕이 있는지에 대해서 잘 알고 있습니다. 이 버스는 성능이 대단히 좋기 때문에 절대로 고장이 나는 일이 없습니다. 이 아름답고 신나는 여행에 저는 여러분들 어느 누구도 즐거움을 한 순간이라도 놓치지 않기를 바랍니다.

"자, 여러분, 모두 자리에 앉아 편안한 마음으로 여러분의 여행을 즐기도록 하십시오."

마지막으로 그는 이렇게 그의 말을 맺었습니다. "그리고 운전은 제게 맡겨 주십시오." 그의 이 마지막 말은 비난을 살 여지도 있었지만 너무나 부드럽고 친절한 미소는 그 여지를 남겨 주지 않았습니다.

나는 자리에 앉아 기도했습니다. "하나님 아버지, 제가 바로 그 버스에 타고 있던 사람들과 같습니다. 때때로 저는 주님께서 이미 져주신 짐을 지느라고 끙끙댑니다. 또 때로는 주님께서 저를 거기에 데려가지 못할 것이라 생각하기도 합니다. 그러나 많은 점에서 저와 가장 비슷한 사람은 앞쪽에 앉은 바로 그 여자일 것 같습니다. 눈앞에 보이는 구덩이, 산 같은 청구서에 대해 염려하며, 다음에 나타날 커브에 대해 두려워합니다. 저는 주님께 어떻게 운전하라고 말해 주려고 애씁니다. 아니면, 최소한 뒷자리에 앉아 잔소리라도 하려고 합니다.

"오, 아버지시여. 제가 쉴 수 있도록 도와주십시오. 아버지와 함께 하는 이 멋진 여행에서 아름다운 경관들을 즐길 수 있도록 도와주십시오. 운전은 아버지께 온전히 맡길 수 있도록 도와주십시오."

나를 위한 비결은 바로 그것이었습니다. 곧 하나님의 능력 안에서 쉬는 것이었습니다.

바울은 디모데에게 이렇게 말했습니다. "내 아들아, 그러므로 네가 그리스도 예수 안에 있는 은혜 속에서 강하고"(디모데후서 2:1). 우리는 "강해야" 합니다. 그렇지만 어디에서 강해야 합니까? 하나님의 은혜 안에서 강해야 합니다. 이것을 다른 말로 하면, 다음과 같을 것입니다. "열심히 쉬어라."

앞길에 어떤 구덩이가 있다고 주님께 알려 드리려고 할 때마다 하나님께서는 이것을 내게 상기시켜 주셨습니다.

어떤 아랍인 두 사람이 처음으로 이집트의 수도 카이로에 와서 현대식 호텔에서 하룻밤을 묵게 되었습니다. 그들은 사막 지방에서만 살아왔던 관계로 다른 어떤 것보다 목욕탕 수도꼭지에 마음을 홀딱 빼껴 버리고 말았습니다. 그들은 시내에 나가 관광은 하지 않고 하루 종일 목욕탕에서 수도꼭지를 틀었다 잠갔다 하면서 시원한 물이 쏟아져 내리는 것을 지켜보며 지냈습니다.

고향으로 돌아가면서 그들은 자신들의 생각에 가장 현명한 행동을 한 가지 했습니다. 즉 그들은 수도꼭지를 풀어서 가져 갔던 것입니다.

이 이야기를 듣고 웃을지도 모르겠지만, 영적인 삶에서 우리도 이와 똑같은 짓을 할 수 있습니다. 우리는 모든 기쁨의 원천이 되시는 분과의 교제 관계가 없이, 곧 그분의 능력과 사랑의 힘이 없이도 기쁨을 누릴 수 있다고 잘못 생각합니다.

그러므로 맡기고 쉬십시오. 기쁨은 다음과 같은 것들을 통해 우리의 삶 가운데 흘러 들어 넘치게 될 것입니다.

- 하나님의 말씀에 깊이 젖음
- 기도로써 매일같이 역사하시는 하나님을 바라봄
- 하나님의 크신 사랑을 받아들임
- 자신과 다른 사람들을 용납함

● 그리고… 쉼

"나의 묵상을 가상히 여기시기를 바라나니 나는 여호와로 인하여 즐거워하리로다"(시편 104:34).

10 / 행복한 마음

8월의 아침이 마치 우리를 위해서 빛나고 있는 것 같았습니다. 결혼 한
지 겨우 2년이 지나던 해였습니다. 캘리포니아에서 여름을 보내고 대
학원 과정을 위해 다시 텍사스로 향하고 있던 중이었습니다. 우리는
우리의 낡은 차에 우리가 가진 모든 것들을 다 실었습니다.

우리에게는 아직 이틀 동안의 여유가 있어 뭔가 하고 싶던 차에 모
험심이 발동했습니다. "유리 바위, 인디안 보호 구역"이라고 쓰여진 표
지판이 오른쪽을 가리키고 있는 것을 봤을 때, 우리는 거의 동시에 "갑
시다!"라고 말했습니다.

우리는 유리 바위를 봤으며, 흰 옷차림의 자작나무들이 보초를 서
있듯 널려 있는 뾰족한 산들과 그 그늘 속에 누워 있는 울창한 계곡들
에 그만 넋을 잃고 말았습니다. 이 세상에는 우리밖에 없는 것 같았으
며 너무나 찬란한 아름다움에 우리는 그냥 발길을 돌릴 수가 없었습니

115

다. 지도를 보니 우리가 가고 있는 자갈길과 같은 방향으로 고속도로가 달리고 있었으며, 북쪽으로 몇 킬로 정도 더 가서 두 길이 합쳐지는 것이었습니다. 그야말로 안성마춤이었습니다.

이렇게 해서 우리 모험은 시작되었습니다.

길은 좁았으며 개울을 건너가기도 해야 했습니다. 개울을 건너 맞은편 등성이로 오르기 위해서는 재빠르게 가속기를 밟기도 해야 했습니다. 다시 되돌아갈 수 없는 지점에까지 이르렀다는 것을 알았을 때는 괜히 여기까지 왔나 보다 싶은 마음도 들었습니다. 차를 되돌리기에는 길이 너무나 좁았으며, 돌아갈라치면 개울의 경사가 올 때보다 두 배나 더 급했습니다. 우리 차로는 도저히 오를 수가 없을 것 같았습니다.

그러나 가을의 아침해가 빛을 발하고 있고, 길은 아직도 갈 만해 우리의 마음에는 염려나 불안이 조금도 없었습니다.

길은 곧 소나 다니는 좁은 길이 되어 가파른 산중턱에 위태롭게 매달리듯 나 있었습니다. 우리는 낭떠러지에 매달려 있기나 한 심정으로 좁은 골짜기를 건너고 바위를 넘어 조심스럽게 길을 헤쳐 나갔습니다. 우리가 길을 잘못 든 것이 분명했지만 계속해서 나아가는 수밖에 달리 어떻게 할 도리가 없었습니다.

모퉁이를 돌다가 차가 길 한가운데 있는 바위에 부딪혀 오일팬이 찌그러 들었습니다. 쇠붙이 갈리는 소리가 심하게 들려 왔습니다. 남편이 시동을 끄자 갑자기 정적이 감돌았으며, 우리는 가만히 앉아 서로의 얼굴을 바라보았습니다.

우리는 길을 잃었습니다. 배가 고파 왔으며 두려움이 몰려 왔습니다. 사람들은 우리가 어디에 있는지도 모를 것이며 몇 날 며칠이고, 아니 몇 주일이 지나도록 찾으려고도 하지 않을 것입니다. 늑대에게 갈가리 찢겨진 우리의 모습이 너무나 생생하게 연상되어 왔습니다. 설사 우리를 찾는다 할지라도 몇 주일이 지나서야 찾게 될 것입니다.

우리는 기도했습니다.

우리는 모를지라도 하나님은 우리가 있는 곳을 아십니다. 우리는 차 문을 잠그고 걷기 시작했습니다. 해가 떠 있는 것으로 볼 때 주도로를 향해서 가지 않으면 안 될 것 같았습니다.

언덕배기에 올라 설 때마다 꼭대기에 서서 고속도로를 찾았습니다. 그러나 산꼭대기마다 보이는 것은 또 다른 산꼭대기뿐이었습니다. 내가 신고 있던 샌들은 산길에는 아주 적당하지 못했습니다. 이내 내 발바닥에는 큰 물집이 생겼습니다. 남편이 앞서 산을 걸어 내려가고 나는 뒤에서 그의 양어깨 위에 두 손을 기대고 내려갔습니다. 배가 고팠고 무엇보다도 목이 타는 것이 문제였습니다. 우리는 땅 위에 퓨마의 것이라고 생각되는 커다란 발자국이 나 있는 것을 보았습니다.

마침내 저녁 무렵이 다 되어 어떤 산을 오르고 있을 때, 멀리서 햇빛이 차창에 반사되어 반짝이는 빛이 눈에 들어 왔습니다. 그리고 바로 우리 눈앞에 다소 높은 고원 지대에 사는 인디언의 작은 집 한 채가 나타났습니다. 그 집 우물물의 맛은 내가 지금까지 마셔 본 어떤 물 맛보다도 좋았습니다.

영어를 몇 마디 할 줄 아는 한 젊은 인디언이 있어 친절하게도 우리를 그의 낡은 트럭에 태워 고속도로까지 데려다 주었습니다.

거기에서 우리는 뉴멕시코의 갤럽까지 지나가는 차를 세워 잡아 타고 가려고 생각했습니다. 차들은 획획 우리 곁을 그냥 스쳐 지나갔습니다. 먼지를 뒤집어 써 더럽고 지친 우리 부부가 수상하게 보였나 봅니다. 그렇다고 그들을 비난할 수는 없었습니다. 나 같아도 태워 주지 않았을 것이니 말입니다.

그때 나이가 지긋한 두 부인이 탄 작은 화물차가 모퉁이를 돌아 나오는 것이 보였습니다. 남편은 손을 흔들어 그들을 세우고 나서 시내까지 좀 태워다 달라고 부탁했습니다. 그들은 우리를 의심스러운 눈초리로 쳐다보더니, 그중에 한 사람이 조심스럽게 물었습니다. "총을 가지고 있나요?"

우리가 아무런 무기도 소지하고 있지 않다는 것을 확인하고 나자 그들은 곧 친절하게 우리를 차에 태워 주었고, 갤럽까지 와서 정비소 맞은편 호텔에 우리를 내려 주었습니다.

그 호텔에서 접수를 보는 여자는 처음에 우리의 이야기를 믿으려 하지 않았습니다. 아마도 우리를 도피 행각을 벌이고 있는 젊은 남녀쯤으로나 생각했나 봅니다. 그녀는 선불을 받고 나서야 마지못해 우리에게 방을 하나 내주었습니다.

다음날 아침, 남편과 견인 트럭 운전기사는 그 전날 우리가 차를 타고 갔다가 걸어 나왔던 길이 트럭을 타고 가기에는 적당하지 않다는 것을 알게 되었습니다. 그래서 다른 길로 200킬로를 달려 우리 차가 있는 데까지 갔습니다.

우리는 대단한 값어치가 나가는 것은 아니지만 그래도 우리가 가진 모든 것이라고 할 수 있는 우리의 소유물들을 위해 기도했습니다. 정비소 사람들은 우리에게 시내 주차장에서 차를 털리는 일이 허다한 판에 차를 찾게 될지라도 뭐가 남아 있을 거라는 기대는 아예 하지 말라고 이야기했습니다. 그 전날 우리가 고속도로를 향해 걸어 내려오고 있었을 때, 영어를 할 줄 모르는 많은 인디언들이 우리를 지나 우리 차가 있는 산을 향해 가고 있었습니다. 우리 차가 좁은 길목을 가로막고 있기 때문에 그들은 차를 돌아 지나가기가 어려우면 길 아래로 밀쳐 버릴지도 모를 일이었습니다. 그들이 우리 차에서 모든 것들을 다 끄집어내어 간다 해도 막을 길이 없었습니다.

그래서 남편은 차를 두고 온 지점에 가까이 이를수록 조금씩 근심이 더해 갔습니다. 그런데 바로 거기에 차는 그대로 서 있었습니다! 차를 끌고 돌아오는 데는 거의 하루가 걸렸지만, 고치는 데는 불과 몇 분 걸리지 않았습니다. 저녁에 우리는 다시 텍사스를 향해 차를 달리고 있었습니다. 그야말로 원없이 모험을 한 셈이었습니다.

*　　*　　*

그날 나는 하나님에 대해서 몇 가지 사실들을 배웠습니다.

한 가지는 산속에서 길을 잃었던 사람들은 단지 주님의 자녀들 중에 두 사람이 아니라는 것이었습니다. 길을 잃었던 사람은 잭과 캐롤 메이홀 부부였습니다.

두 개인들.

인격체들.

어느 누구와도 같지 않은 독특한 존재였습니다.

바로 얼마 전에 나는 성경을 읽다가 여리고로 가는 길에서 구걸을 하던 장님에 대한 이야기를 읽은 적이 있습니다(누가복음 18장). 그는 사람들의 떠드는 소리를 듣고 주위에 있던 사람들에게 무슨 일이 일어났느냐고 물었습니다. 나사렛 예수가 그 길을 지나간다는 것이었습니다. 그래서 그는 젖 먹던 힘까지 다해 소리치기 시작했습니다. 어찌나 크게 소리질렀든지 사람들의 떠드는 소리에도 불구하고 그의 소리는 예수님의 귀에까지 들렸습니다.

함께 있던 사람들은 민망하고 당황해서 조용히 하라고 했지만, 그는 막무가내였습니다. 계속해서 큰 소리로 외쳤습니다. "다윗의 자손 예수여, 나를 불쌍히 여기소서!"

이 소경은 어쩌면 도움을 받을 수 있을지도 모르겠다는 생각에 기회를 놓치지 않고 그 가능성에 도전했던 것입니다.

그날 도움을 호소했던 사람들은 한두 사람이 아니었을 것입니다. 그리스도는 하나님이시기에 손을 흔들며 이렇게 말할 수도 있었을 것입니다. "모든 사람들은 다 나음을 입으라." 그러나 그리스도의 마음은 **군중에 가 있지 않았습니다.** 예수님의 마음은 오직 각기 다른 상처와 문제와 필요를 가지고 있는 각 개개인에게 가 있었습니다. 그래서 그리스도는 어떻게 하셨습니까?

첫째로 예수님께서는 발을 멈추셨습니다. 수많은 사람들에게 둘러싸여 그렇게 바쁜 중에서도 발을 멈추어 서셨습니다. 그리고는 그 사람을 자기에게 데려오라고 말씀하셨습니다. 왜 자신이 직접 그 소경에게 가시지 않았을까요?

거의 언제나 예수님은 수많은 사람들에게 둘러 싸여 있었습니다. 예수님이 움직이면 그들도 인산인해의 물결을 이루며 움직이게 되어 큰 파도처럼 그들 앞에 있는 것들을 모조리 덮쳐 버릴 것입니다. 따라서 예수님 자신이 길가에 앉아 도움을 호소하는 소경 거지에게 걸어가면 그 거지는 사람들에게 밟힐지도 모를 일이었습니다.

그래서 예수님께서는 그 소경을 데려오도록 기다리셨던 것입니다. 그를 데려오자 그리스도는 단도직입적으로 그에게 물으셨습니다.

"네게 무엇을 하여 주기를 원하느냐?"

그 사람이 소경이라는 것을 예수님께서 모르셨을 리가 없습니다. 예수님께서는 그의 문제와 필요가 무엇이라는 것을 아셨습니다. 주님께서는 이런 개인적인 질문을 함으로써 그에게 자신의 내면적인 필요를 자유롭게 말할 수 있도록 해주셨습니다.

그 소경은 "주여, 보기를 원하나이다"라고 말했습니다. "주여"라는 호칭을 통해 그 소경은 그가 그리스도시며 또 그에게는 구하는 것을 들어주실 수 있는 능력이 있다는 것을 인정하고 있습니다.

예수님은 즉시 그를 보게 해주셨습니다.

그는 하나님께 영광을 돌리며 예수님을 좇았습니다.

그 8월 어느 날, 나는 산에서 하나님께는 "그들"이 없다는 사실을 배우게 되었습니다. 길을 잃었던 사람은 "그들"이 아니었습니다. 남편과 나였습니다.

그리스도의 관심은 무리가 아니라 각기 독특한 필요를 가지고 있는 각 개인에게 가 있습니다. 그리스도의 관심은 바로 나의 상처, 나의 두려움, 나의 문제, 나의 마음에 있습니다.

예수님은 우리 각자에게 이 놀라운 질문을 하고 계십니다. "네게 무엇을 하여 주기를 원하느냐?" '너희 모두에게'가 아니라 바로 '네게'라고 하신 말씀에 주목하십시오.

나의(또는 당신의) 삶에 가장 큰 필요는 무엇입니까? 그것이 바로 우리의 출발점이 되어야 합니다. 전적으로 새로운 삶일 수도 있고 깨끗한 삶일 수도 있으며 영혼의 고침을 받는 것일 수도 있습니다. 주님은 사람들이 자기에게 구하기를 기다리십니다. 주님은 어느 누구에게도 자기의 뜻을 강요하시지 않습니다. 단지 요청하고 계실 뿐입니다.

그 산에서 배웠던 다른 한 가지는 하나님께서는 우리가 삶 가운데서 고통이나 어려움, 좌절과 같은 것을 당하지 않도록 해주시지는 않는다는 사실입니다. 그날 하나님께서는 비를 내리셔서 우리로 하여금 그 계획에도 없던 여행을 아예 시작하지도 못하게 하실 수도 있었습니다. 아니면, 길을 잃지 않도록 해주시든지 그 바위에 차가 부딪히지 않도록 해주실 수도 있었을 것입니다.

그러나, 하나님께서는 그렇게 해주시지 않으셨습니다. 그렇지만 하나님은 우리를 놀랍게 보살펴 주셔서 우리를 두려움에서 벗어나게 해

주시며, 우리의 기도를 들어주셔서 얼마 되지 않은 재산까지도 지켜 주셨습니다. 우리는 다윗의 경험에 약간은 동참할 수 있었습니다. "여호와는 나의 목자시니 내가 부족함이 없으리로다"(시편 23:1). 어떤 어린이가 이 구절을 잘못 암송하여, "여호와는 나의 목자시니 내가 무엇을 더 구할 수 있을까?"라고 했지만, 그렇다고 이 말이 틀린 것은 아니었습니다.

하나님은 우리가 이 세상을 살아가면서 부닥치게 되는 모든 "의문점"들을 완전히 다 이해할 수 있도록 해주시겠다고 약속하시지는 않지만, 그 답은 있으며 이 의문점들을 통해서 우리의 인격을 계발시켜 가실 것이라는 사실을 약속하셨습니다.

이것이 혼돈으로부터 평안을 가져다 줍니다.

내게 있어서 행복이란 불확실한 세상 가운데서도 확신 있게 살아가는 것입니다.

이 변하기 쉬운 세상 가운데서도 나는 실제로 행복을 누릴 수 있습니다. 죄로 물든 사회에도 행복은 실재합니다. 가치관과 도덕과 제반 여건들이 변화하는 가운데서도 행복은 보장되어 있습니다.

이 모든 것들이 한 분 예수 그리스도에게 뿌리를 내리고 있습니다. "예수 그리스도는 어제나 오늘이나 영원토록 동일하시니라"(히브리서 13:8).

주님께서는 우리에게 손쉬운 삶을 약속하시지 않고 영원한 삶을 약속하셨습니다. 성경은 이렇게 말하고 있습니다. "잘못을 용서받고 하나님이 죄를 덮어 주신 사람은 행복하다!"(시편 32:1, 현대인의 성경).

이 글을 읽으면서 당신은 길을 잃었는데 아무도 당신이 있는 곳을 모르며 또 알려고도 하지 않는 것 같다는 생각이 들지도 모르겠습니다. 어지러운 세상에서 길을 잃고 절망의 구렁텅이를 헤매며 사랑이 증발해 버린 결혼이라는 껍데기를 쓰고 실의에 빠져 있을지도 모르겠습니다. 아니면 좌절의 숲 속에 갇혀 어디로 가야 될지 몰라 방황하고 있을지도 모르겠습니다.

하나님께서는 당신을 잃지 않았습니다. 하나님께서는 당신이 있는 곳을 아시며 당신이 소리쳐 도움을 구하기만을 기다리고 계십니다. 하나님께서는 자신의 두 팔로 당신을 안아 올려 당신을 위로해 주시며 치료해 주실 것입니다.

하나님께서는 당신을 사랑하시기 때문입니다.

124 한 영어의 경어 중 제자의 길

11 / 굴복하는 마음

우리는 차 속에 앉아서 시월 오후의 금빛 햇살 아래 누운 롱비치 항을 내려다보고 있었습니다. 배들이 닻을 내리고 있는 바다는 반짝이는 은 빛 물결로 그 잔잔함을 더하고 있었습니다. 그 위로는 한 마리의 갈매기가 날고 있었습니다.

그러나 그 광경들이 내게는 흐릿하고 불투명하게 보였습니다.

남편이 내 머리를 부드럽게 쓰다듬어 주었습니다. 그렇지만 아무런 소용이 없었습니다. 나는 울음을 멈출 수가 없었습니다.

슬픔의 눈물이 아니었습니다. 그것은 좌절과 분노에서 나온 눈물이 었습니다.

몇 주일 전, 남편은 상급자로부터 거의 한 달에 걸친 선교 여행을 다녀오라는 말을 들었다고 했습니다. 우리 부부가 그렇게 오래, 멀리 떨어져 보기는 처음이었습니다. 나는 그 여행이 달갑지가 않았습니다. 우리가 여기에 와 새로운 책임을 맡은 것은 불과 6개월 전이었습니다. 우리는 기독 회관과 우리 집에서 해군들을 중심으로 일하고 있었습니다.

남편이 떠나고 없는 몇 주 동안 외로움을 달래기 위해서라도 나는 어린 딸과 함께 중서부 지방에 계시는 우리 부모님 댁에 가 있어야겠다고 계획했습니다.

그러나 우리가 차 속에 앉아 있었던 바로 그 찬란한 오후에, 남편은 그의 상급자와 나눈 이야기를 들려주었습니다. 그 사람의 생각은 우리들이 동시에 집을 비우는 것이 좋지 않으니 내가 부모님 댁에 가지 않는 것이 좋겠다는 것이었습니다. 그 결정에 나는 마음속으로 비명을 질렀습니다.

나는 소리를 내서 흐느껴 울었습니다. "그러나 내가 여기 남아 있어 무엇을 할 수 있죠? 여기에 온 지 얼마 되지도 않잖아요? 뭐가 잘못된다 해도 저는 뭘 어떻게 해야 할 줄을 모르잖아요? 당신이 없으면 저는 이곳에 있으나 마나예요!"

남편에게 화가 난 것이 아니었습니다. 나는 그의 상급자에게 분을 내고 있었습니다. 나는 이렇게 생각했던 것입니다. 그가 도대체 누구관데 내게 명령을 한단 말인가? 그와 함께 일하고 있는 사람은 남편이지 내가 아니지 않는가? 그건 말도 안 돼. 바보 같은 결정이라구. 나의 모든 생각은 다 그 결정에 반대였고 또 그 결정을 내린 사람에게 반대였습니다.

나의 생각은 그 결정과 그 결정을 내린 사람을 무시해 버리고 어떻게든지 가겠다는 쪽을 향해 치닫고 있었습니다. 그러나, 솔직히 말해 또 그렇게는 하기가 두려웠습니다. 사랑하는 남편의 마음을 상하게 할까 봐 두려웠던 것이 아닙니다. 그렇다고 그의 상급자가 두렵다거나 또는 이로 인해 그가 일자리를 잃을까 두려웠던 것도 아닙니다. 하나님께 불순종함으로 말미암을 결과가 두려웠습니다.

집에 돌아와서 나는 내 방에 들어가 하나님께 "모든 것들을 몽땅 다 쏟아 놓았습니다." 기꺼이건 아니면 마지못해서건, 남편이 여행을 떠나 있는 동안 내가 부모님 댁에 가서는 안 되겠다는 생각이 들었습니다. 그 점에 있어서는 선택의 여지가 없었습니다.

내가 선택할 수 있던 것은 그 한 달 동안 마음속에 계속해서 쓴뿌리를 키우고 있든지, 아니면 그것을 하나님께 가지고 나가 그것을 통해 내가 배워야 할 것들을 가르쳐 주시도록 하든지 하는 것이었습니다. 나는 후자를 택했습니다.

하나님은 참으로 크셔서 다른 사람의 결정을 통해서도 나의 삶 가운데서 자기의 뜻을 이루어 가십니다. 하나님은 남편의 여행을 취소시키실 수도 있었습니다. 또한 하나님은 그 상급자의 마음을 움직여 그이 대신에 다른 사람이 여행을 떠나게 하실 수도 있었으며, 또는 내가 집을 지키고 있어야 한다는 그의 생각을 바꾸어 주실 수도 있었습니다. 성경은 왕들의 마음이 하나님의 손에 있다고 말합니다(잠언 8:15). 하나님께서 그 상급자 한 사람의 마음을 움직이는 것 정도는 확실히 식은 죽 먹기였습니다.

나는 이렇게 말할 수밖에 없었습니다. "좋습니다, 주님. 제가 화를 냈던 대상은 남편의 상급자가 아니었던 것 같습니다. 바로 주님께 화를 냈음을 시인합니다. 이 일을 일어나게 하신 분이 바로 주님이시니 말입니다. 제가 주님께 화를 내다니, 그건 있을 수도 없는 이야기입니다. 저는 주님께서 제게 좋은 것들만을 행하신다는 것을 압니다. 주님은 모든 것들을 선하게 이루어 주십니다. 이것을 통해서 주님께서 가르쳐 주기를 원하시는 것들을 제가 배울 수 있도록 해주십시오."

그 한 달! 남편이 없어 참으로 쓸쓸했습니다. 그러나 마음속에는 평안이 깃들여 있었습니다.

그 후 나는 하나님의 시기 적절한 인도하심을 맛볼 수 있는 기회가 있었습니다. 몇 달 후 부모님을 찾아 뵙고서야 원래 내가 방문하려고 했을 당시 어머니는 병원에 입원해 계셨다는 사실을 알게 되었습니다. 걱정할까 봐 내게는 일부러 소식을 전해 주지 않았다는 것이었습니다. 그러나, 나중에 내가 방문했을 때는 어머니도 이미 건강을 회복해서 우리는 즐거운 시간을 가질 수 있었습니다. 그뿐 아니라 친한 친구의 결혼식에도 참석할 수 있었고, 아름다운 콜로라도에서 열린 부활절 수양회도 참석할 수 있었습니다. 하나님께서 주신 보너스였습니다. 그분의 때에 예비된 선물들이었습니다.

나는 내 남편을 꽉 움켜쥐고 있어서는 안 된다는 것을 배워야 했습니다. 그는 나의 것이 아닙니다. 하나님의 것입니다. 하나님께서 남편의 시간과 관심을 다 요구하실 때면 언제나 나는 그것들을 내놓아야 합니다. 내게는 그것들을 움켜쥐고 내놓지 않을 권리가 없습니다.

남편은 이틀 전에 여행에서 돌아와 있었는데, 우리는 그가 쉴 수 있는 날만을 손꼽아 기다리고 있었습니다. 그 주간 동안 내내 빡빡한 일과로 그래도 함께 시간을 좀 보낼 만한 날은 화요일밖에 없었습니다. 그런데, 월요일 날 그 상급자에게서 전화가 왔습니다. 다음날 하루 동안 회의가 있는데 남편이 거기에 참석해야 된다는 것이었습니다.

잠깐 동안이긴 했지만 나는 평안과 기쁨을 잃고 흥분했습니다. 이전에 느꼈던 분노와 좌절감이 다시 파도처럼 몰려왔습니다.

이번에는 하나님께서 나의 격앙된 감정을 가라앉히시는 데 그렇게 많은 시간이 걸리지 않았습니다. 하나님께서 이렇게 말씀하시는 것 같았습니다. "캐롤, 잭이 정말로 내 것이라고 생각하느냐?"

그렇습니다. 주님.

나는 두 손을 들었습니다. 나는 그를 하나님께 내드렸습니다.

하나님은 마지못해 인색함으로 주시지 않습니다. 그분은 기쁘게 "우리 마음의 소원"을 들어주시는 하나님이십니다. 하나님은 신실한 선생님이 되어 여러 차례에 걸쳐 우리를 가르치신 다음에는 곧바로 우리를 가르치시기 위해 유보하고 계시던 바로 그것을 우리에게 주십니다.

바로 이틀 후 주님께서는 우리의 빠듯한 스케줄에 여유를 주셔서 참으로 만족스런 하루를 즐길 수 있도록 해주셨는데, 주님으로부터 배운 교훈들로 인해 더욱 귀한 하루였습니다. 주님께서는 내가 남편과 함께 시간 보내는 것을 기뻐하시지 않는 것이 아닙니다. 그러나, 주님께서는 내가 주님을 위해서는 기꺼이 그것을 포기하기를 원하십니다.

나는 지금도 이 문제로 인해 씨름합니다. 그럴 때면 하나님께서는 나에게 두 가지의 중요한 질문을 던지십니다. (1) 너는 네 삶 가운데 일어나는 모든 상황들을 내가 주관하고 있다는 사실을 정말로 믿고 있느냐? (2) 너는 남편의 시간은 물론 남편 자신까지 나에게 정말로 주었느냐?

너무나 자주 우리는 쓴뿌리와 분노가 우리의 삶 가운데 파고들도록 방치해 둡니다. 당신의 남편이 직장에서 상관의 부당한 처사로 강등 당했을 경우를 생각해 봅시다. 당신은 그 상관을 비난합니까? 아니면 뭔가 이유가 있어 하나님께서 그것을 허락하셨다고 믿습니까?

우리에게 일어나는 모든 일들에 하나님께서 관여하시지 않는 것이 있습니까? 주님은 "그의 능력의 말씀으로 만물을 붙드신다"(히브리서 1:3)는 것을 잊지 않도록 하십시오. 우리를 부당하게 대우하며 모욕을 주거나 우리의 사랑하는 사람을 학대하는 사람들에게 쓴뿌리를 갖는다면, 그것은 사실상 누구를 비난하는 것과도 같습니까? 바로 하나님입니다.

성경은 단호하게 말합니다. "너희는 돌아보아 하나님 은혜에 이르지 못하는 자가 있는가 두려워하고 또 쓴뿌리가 나서 괴롭게 하고 많은 사람이 이로 말미암아 더러움을 입을까 두려워하고"(히브리서 12:15).

나는 쓴뿌리가 내 목을 조여 올 때면 그것에서 벗어나기가 여간 어렵지 않습니다. 그래서 나는 하나님께서 내가 어떤 일이나 어떤 사람에게 쓴뿌리를 가지고 있다는 사실을 보여 주시면, 곧 하나님께 가지고 나아가 그것을 털어놓습니다. "만일 우리가 우리 죄를 자백하면 저는 미쁘시고 의로우사 우리 죄를 사하시며 모든 불의에서 우리를 깨끗케 하실 것이요"(요한일서 1:9)라고 요한은 말합니다. 쓴뿌리가 특히 위험한 것은 그것이 하나님을 거스르는 죄라는 것 때문만이 아니라 또한 그것은 촉수를 가지고 있어 우리의 영혼을 휘감아 삶에서 기쁨을 앗아가 버리기 때문입니다. 사함을 받고 깨끗케 되는 것은 자백할 때 얻게 되는 결과입니다. 먼저는 하나님께 자백하고 그리고 나서 쓴뿌리를 품었던 사람에게도 찾아가 자백해야 할 경우가 있습니다.

깊은 쓴뿌리에 사로잡혀 있을 때는 한 단계 더 나아가 주님께 다음과 같이 간절하게 구해야 합니다. "하나님이여, 내 속에 정한 마음을 창조하시고 내 안에 정직한 영을 새롭게 하소서"(시편 51:10).

쓴뿌리는 실제로 부당한 대우를 받았거나 또는 받았다고 생각하는 경우에 생기며 그리스도인의 삶 가운데 있어서는 안 될 요소입니다. 그 쓰디쓴 쓴뿌리가 우리의 기쁨과 평안을 잠식하도록 내버려두어서는 안 됩니다. 하나님은 살아 계십니다. 그리고 하나님은 모든 것들을 통치하고 계십니다. 우리 마음이 하나님의 통치에 굴복할 때 범사에 평안이 넘칩니다.

12 / 상처받은 마음

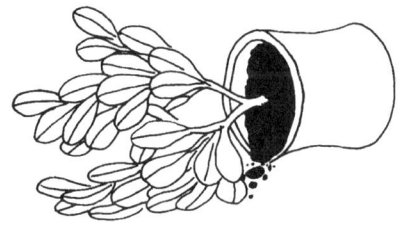

나는 서둘러 점화 장치에 키를 꽂았습니다. 남편이 병원 출입구에서 목발을 의지하고 서서 내가 차를 몰고 오기를 기다리고 있었기 때문입니다. 키를 돌리는데 키 뭉치 전체가 쑥 들어가더니 계기판 뒤로 들어가 버렸습니다.

내게는 웃음과 눈물이 오락가락하는 히스테리 증세가 나타났습니다.

그 차는 남편이 다리에 깁스를 해서 우리 차에는 태울 수가 없었기 때문에 빌린 좀더 큰 대형 차였습니다. 나는 급히 드라이버를 찾아 마분지로 된 잡물통에 구멍을 내서 오른손으로 키 뭉치를 다시 제자리로 밀어 넣으면서 왼손으로 키를 돌려 차에 시동을 걸었습니다.

이보다 더할 수도 있을까? 모든 것들이 잘못되어 갔습니다.

좌절로 점철된 주간들이었습니다. 남편은 스키 사고로 무릎 인대가 절단되어 외과의로부터 접합 수술을 받았습니다. 그 며칠 후 퇴원해서 집으로 왔는데, 그는 갑자기 팔과 가슴에 심한 통증을 느꼈습니다. 증세가 뭔가 심상치 않았습니다. 앰뷸런스를 불러 타고 사이렌을 울리며 거리를 질주해 병원으로 갔습니다. 의사와 간호원들이 무거운 얼굴로 황급하게 움직였습니다. 두 시간 뒤, 의사가 설명을 해주었는데, 엉긴 피가 무릎에서 빠져 나가 그의 심장을 거쳐 폐에 쌓여 있다는 것이었습니다.

다행스럽게도 나는 그것이 정말로 얼마나 심각한 것인지에 대해서는 전혀 몰랐습니다. 나중에 가서야 한 친구 의사를 통해서 알게 되었는데, 그는 나에게 남편이 다시 살게 된 것에 대해 날마다 하루에 세 번씩 무릎을 꿇고 하나님께 감사해야 된다고 말했습니다.

그 당시 내가 알았던 것은 오직 병원 침대에 누워 있는 남편의 얼굴이 매우 창백하고 여위어 보인다는 것뿐이었습니다.

일주일 후 많은 차도가 있어 거의 깁스를 풀어도 될 지경이 되었는데, 피의 응고를 막기 위해 투약을 한 것이 약간 지나쳐 그만 무릎의 상처를 터뜨려 놓았습니다. 피가 깁스를 흠뻑 적시며 균이 감염되기 시작했습니다.

심장병 의사는 퇴원해도 좋다고 말했는데 다리 치료를 맡은 외과 의사는 지금은 안 된다고 했습니다. 그런데 나중에 드디어 깁스를 풀게 되었을 때, 이번에는 심장병 의사가 아직 안심할 수가 없다고 말하는 것이었습니다.

그러는 동안 나도 잘 적응해 내지 못하고 있었습니다. 다섯 살 난 딸애가 몹시 앓고 있었으며 남편에게 가기 위해 집을 나설라치면 심하게 울며 매달렸습니다. 어느 날 저녁 그 애를 주려고 음식을 만들어 쟁반에 받쳐들고 가다가 잠시 부엌 조리대 위에 얹어 놓았는데 그만 엎어져 버렸습니다. 그러잖아도 습기가 가득한 바닥이 엉망이 되었습니다.

세탁기가 새서 물을 넣고 헹굴 적마다 부엌 바닥이 홍건할 정도로 물을 쏟아 놓았기 때문입니다.

큰 일은 그것만이 아니었습니다. 그 해 봄 아버지가 백혈병으로 돌아가시자 어머니는 앓아 누웠고 급기야는 입원을 하시게 되었습니다. 여기에 남편의 사고로 말미암아 갑자기 가중된 입원비, 진료비 등을 다 감당할 수가 없었습니다.

나는 남편의 도움이 없이는 이런 문제들을 해결할 수가 없었습니다. 이런 문제들이 있을 때마다 우리 발등의 불을 끄는 사람은 언제나 그였기 때문입니다.

나는 하나님께서는 우연히 또는 돌발적으로 어떤 일을 일으키시지 않는다는 것을 굳게 믿었습니다.

나는 기도했습니다. "오, 하나님 아버지! 이번에는 어떤 중요한 교훈을 제게 보여 주시고자 하시는지요? 이 잔을 제게서 지나가게 해주십사고 구하고 싶은 마음도 없잖아 있습니다. 그러나, 제 마음 진정으로 원하는 바는 제가 그 교훈을 완전하게 배우기 전까지는 이 잔을 거두시지 말라는 것입니다. 그 교훈은 다시 배우기 위해서 또 다시 이런 잔을 마셔야 하는 경험을 하고 싶지는 않습니다."

나는 그 주간들 동안 하나님의 계속적인 돌보심 가운데서 많은 교훈들을 배웠습니다. 마침내 남편의 건강은 퇴원할 수 있을 정도로 좋아졌지만, 치료비를 내기 전까지는 아니면 적어도 그것을 언제까지 어떻게 내겠다는 약속을 하기 전에는 병원에서 나올 수가 없었습니다. 그 주간들 동안 나는 이 치료비에 대해서는 거의 신경도 쓸 수 없을 만큼 제정신이 아니었습니다. 하나님께 어떻게 해결해 주시기를 구하면서 집에 있는 돈을 일 센트짜리 하나까지 모조리 긁어 모았습니다. 통장에 있던 돈, 친구들이 보내 준 돈, 생활비, 그 밖의 잔돈 등등. 나는 그것들을 다 지갑에다 쑤셔 넣었습니다. 그리고는 병원에 가서 청구서를 건네 받고서야 내 지갑에 든 돈이 얼마나 되는지를 세어 보았습니다. 정확히 치료비를 충당하고 딱 27센트가 남았습니다!

그러나, 이번에 하나님께서는 놀랍게 채워 주시는 기적을 보여 주셨다기보다는 훨씬 더 가슴에 와 닿는 메시지를 들려주셨습니다. 그것은 "감사하는 마음"에 대한 교훈이었습니다.

하나님께서는 이 교훈을 2년 전 린이 페인트 통을 마루 바닥에 온통 엎질러 놓던 날부터 가르쳐 주시기 시작하셨습니다. 이제 하나님께서는 내게 그 교훈의 정수를 가르치고 계셨습니다.

나는 종종 하나님께서 가르쳐 주시고자 하는 이 교훈을 빨리 배울 수 있기를 위해서 기도합니다. 내가 그렇게 기도하는 것은 오직 하나님을 기쁘시게 해드리고자 하는 마음에서만은 아닙니다. 그것은 어렵게 배우기를 원하지 않기 때문이기도 합니다.

애들이 뭘 잘못했을 때 처음에 우리는 좋은 말로 타일러 줍니다. 두 번째는 좀더 엄하게 이야기하고 세 번째는 좀더 직접적으로 경고를 하기도 합니다.

하나님은 우리의 완벽한 부모님이십니다. 하나님은 우리가 쉽게 배울 때나, 완고하게 고집을 피울 때나, 우리의 삶 가운데 그 교훈을 새롭게 해주시거나 깊게 해주실 필요가 있을 때에도, 언제나 성실하게 가르쳐 주십니다.

그 기간 동안 뭔가 잘못될 만한 것들은 모조리 잘못되었습니다. 하나님께서는 내가 범사에 감사하라는 교훈을 철저히 익힐 때까지 그 손길을 거두시지 않으셨습니다. 어떠한 좌절과 고통 가운데서도, 어떤 불의의 사고와 환경 가운데서도, 언제나, 무엇에나, 누구에게나 다 감사하라는 것이었습니다.

이 기간 동안 하나님께서는 이처럼 감사하는 태도가 왜 그렇게 중요한지 어렴풋하나마 몇 가지 사실을 깨닫게 해주셨습니다.

찬양은 하나님을 기쁘게 해드립니다. 그것은 하나님께 드리는 "제사"인 것입니다(히브리서 13:15). 이 세상 모든 것들에 다 문제가 하나도 없다면, 우리가 드리는 감사는 제사가 아닙니다. 그러나 문제가 있을지라도 하나님을 찬양하는 것, 그것은 제사입니다. 우리는 우리의 자기 연민을 제물로 드리며 또한 다른 사람들의 연민도 제물로 드립니다. 우리는 우리 주위를 겹겹이 두르고 있는 절망감을 제물로 드려야만 할지도 모릅니다.

우리가 감사로 이러한 제사를 하나님께 드릴 때, 우리의 마음은 불평 불만에서 은혜스럽고 덕스러운 마음으로 바뀌게 됩니다.

"그렇지만 주님, 대체 얼마만큼이나? 이렇게 오랫동안이나 너무하지 않습니까? 왜 그렇습니까?" 나는 끈덕지게 달라붙어 보았지만 그 때는 아무 대답도 들을 수 없었습니다.

나중에야 하찮고 이상하게 보이는 모든 일들에 대해서도 감사해야하는 이유를 점차 알아 가게 되었습니다. 별 의미가 없고 이해도 되지 않는 일들에 감사하는 것을 배우지 않고서야 어찌 보다 크고 중요한 일들에 대해서 정말로 감사하는 습관을 발전시킬 수 있겠습니까? 그러한 삶을 살아가는 데는 힘과 용기가 요구되는 것입니다.

내 누이동생에게서 한 젊은 사람에 대한 이야기를 들었습니다. 그의 부인과 아들과 장모가 교통 사고를 당했습니다. 장인이 그에게 전화를 해서 이 사실을 알려 주었습니다. "여보게, 자네 장모와 어린애와 애 엄마가 교통 사고를 당했네. 자네 장모와 애 엄마는 무사한데 자네 애는 하나님께서 데려가셨다네."

그 사람은 이 소식을 듣자마자, "주님의 뜻이 이루어지이다!"라고 말했습니다.

나는 그 이야기를 들으면서 생각해 보았습니다. 세상에 그럴 수가? 어떻게 그처럼 곧바로 그런 반응을 보일 수 있단 말인가? 그건 말도 안 돼.

나는 그렇게 할 수는 없을 것 같았습니다. 아마도 일 년쯤 지나서야 그 어린애에게는 하나님께 가서 가장 완전한 환경 가운데서 자라는 것이 가장 최선이었다는 사실에 생각이 미칠 수 있게 될 것입니다. 물론 한 달 정도 지난 다음에도 하나님의 주재권을 믿고 이런 일을 감당할 수는 있었겠지만, 그 자리에서 곧바로 그런 반응을 보일 수는 없었을 것입니다.

나는 하나님께서는 우리에게 특별한 필요가 있을 때 특별한 은혜를 내려 주신다는 사실을 깨달았습니다. 그런데 그러한 은혜는 정말로 필요할 때 가서야 주십니다.

또한 내가 깨달았던 사실은 이것입니다. 매일의 삶 가운데서 하나님께 나아가 "감사합니다, 하나님. 나는 지금 왜 이 불의 연단을 받아야 하는지 이해할 수 없습니다. 그렇지만 어쨌든 감사를 드립니다"라고 말하는 법을 배우지 않고는 우리의 앞길에 가로놓인 바위와 언덕에 대해서 결코 감사하지 못하게 될 것입니다.

우리는 범사에 하나님께 감사해야 합니다(데살로니가전서 5:18). 또한 항상 감사해야 합니다(에베소서 5:20). 예외는 없습니다. 찬미의 제사를 하나님께 드리도록 합시다. 온 우주의 주재이신 하나님은 우리를 위하십니다.

"그런즉 이 일에 대하여 우리가 무슨 말하리요? 만일 하나님
이 우리를 위하시면 누가 우리를 대적하리요?"(로마서 8:31).

13 / 아름다운 마음

내가 열세 살 때든가, 하루는 거울을 들여다보고 있다가 그만 울음을 터뜨리고 말았습니다. 어머니가 무슨 일이냐고 묻자, 나는 울먹이며 대답했습니다. "엄마, 난 너무나 **못생겼어**!" 우리들은 누구나 다 잘 생긴 얼굴을 원합니다.

"아름다움은 바라보는 자의 눈 속에 있다"는 말은 참으로 명언입니다. 어떤 사람에게 있어 아름다움이란 덕입니다. 또는 아름다움을 눈에 드는 얼굴이나 자태의 특성이라고 보는 사람들이 있습니다. 그런가 하면 속 사람의 향기에서 발산되어 나오는 것이라고 생각하는 사람도 있습니다.

사전에서는 아름다움을 "어떤 사람이나 사물 안에 들어 있는 특성 (들)으로서 감각에 기쁨과 만족을 주거나, 마음과 정신을 고양시켜 주는 것"이라고 정의하고 있습니다.

놀라운 사실은, "감각에 기쁨과 만족을 주는" 이 아름다움을 위해서 미국 여성들은 얼굴과 피부를 가꿔 주고 좋은 냄새를 풍겨 주는 화장품에다 일 년에 이십 억 달러 이상을 쓰고 있습니다. 대부분의 사람들은 하나님께서 그들에게 어떠한 얼굴을 주셨든지 최대한 가꾸려고 노력하는 것 같습니다. 남은 생애 동안 나도 아마 그렇게 할 것입니다.

또한 아름다움은 "마음과 정신을 고양시켜 주는 것"이라고 했습니다. 이것은 뭔가 다른 것을 말해 주고 있습니다.

나는 요전 날 다소 뚱뚱한 한 여자를 만난 일이 있습니다. 그녀의 성긴 머리카락은 머리핀으로 고정되어 있었으며, 그녀의 코는 얼굴에 비해 다소 큰 편이었습니다. 그러나, 막상 그녀와 이야기를 나누면서 나는 그녀의 깊은 매력에 끌렸습니다. 그녀와 헤어지면서 나는 그녀를 **참으로 아름다운** 여인이라고 생각했습니다.

그것이 바로 내가 바라 왔던 아름다움입니다.

우리는 처음에는 추하지만 아름다워질 수도 있고, 처음에는 아름다웠지만 나중에 추해질 수도 있습니다. 나이 스무 살 때는 누구나 다 예쁩니다. 그러나 나이 사십에 아름답고 아름답지 못하고는 자신에게 달려 있을 수 있습니다.

외모를 아름답지 못하게 방해하는 요소들은 많이 있습니다. 그 요소들 가운데 어떤 것들은 우리 힘으로 어떻게 할 수 없는 것들입니다. 건강을 돌볼 겨를이 없을 만큼 열심히 일해야만 했던 여자는 자기 나이보다 더 늙어 보일 수도 있습니다. 그렇지만 여전히 그녀는 아름다울 수 있습니다.

우리를 내적으로 아름답지 못하도록 하는 것들이 무엇인지에 대해서 생각해 보았을 때, 나는 고운 피부를 부식시키는 산(酸)과도 같은 것들이 있다는 사실을 알게 되었습니다.

이것들 가운데 하나가 염려입니다.

나는 꽤나 염려를 잘 하는 사람입니다. 한 친구가 했던 이야기가 잊혀지지 않습니다. "우리 어머니는 말이지, 하나님을 믿는다고 말씀하면서도 언제나 염려를 하신단 말야."

나는 염려와 믿음은 양립할 수 없다는 내용의 설교는 할 수 있습니다. 그러나, 심하게 폭풍우가 치는데 딸은 돌아와야 할 시간이 벌써 두 시간이나 지났는데도 돌아오고 있지 않다든지, 남편이 해외 여행을 떠나 일주일째 아무 소식이 없다든지, 친구의 어린애가 그녀의 마음을 아프게 한다든지 하는 경우 나는 어떻게 하는가?

글쎄요, 나는 **근심**을 하게 되지요. 그렇지만 그리스도인이란 근심을 하는 것이 당연하지 않나요? 우리는 "다른 사람의 짐을 서로 져야" 되는 것 아닙니까?

이렇게 말함으로써 변명해 넘길 수는 없습니다.

내가 가장 좋아하는 시편 구절 중의 하나는 34:4입니다. "내가 여호와께 구하매 내게 응답하시고 내 모든 두려움에서 나를 건지셨도다."

두려움은 우리로 하여금 그 다음 구절에서 보여 주고 있는 바, "주를 앙망하고 광채를 입지" 못하게 합니다.

나의 질녀가 대학에 다닐 때 자기 어머니에게 아래와 같은 시를 보냈습니다.

창세기 4:5 "가인이 심히 분하여 안색이 변하니"라는 말씀을 읽고서

분노의 얼굴빛을 발해서는 안 되느니

그럴듯한 이유가 있을 수도

솔직히 자신이 잘못했을 수도
자신은 전적으로 결백한 것일 수도
있는 것이지만…
설사 전적으로 결백한 경우라 할지라도
분노를 발해서는 안 되느니
분노가 가져오는 그 결과를 생각해 보라.
마음속에 피어오르는 분노가 얼굴의 광채를 죽이지 않는가?
그럴진대
하나님 거하시는 사람의 얼굴에서 광채가 사라져서 될 말인가?

그러나 나는 여태껏 우를 범해 왔으니
행복을 위해서?
그리스도인의 행복에 이것이 웬 말인가?
구름 걷혔으니
행복은 빛을 발하리.

몇 년 전 어떤 잡지에서 아래와 같은 내용을 담고 있는 "완전한 아
내"란 기사를 읽은 적이 있습니다.

한 남자가 그의 아내에 대해 이렇게 말했습니다. "솔직히 말
해 나는 때때로 아내가 추하게 보인답니다. 그녀가 옷을 입은
모습이나 화장을 한 얼굴을 두고 하는 말이 아니죠. 그녀가
추한 말을 할 때 그렇게 보인다는 말입니다."

이처럼 아내가 잔소리를 퍼부어 댈 때보다는 잔소리를 하지 않을 때

아름다운 마음 141

훨씬 더 예쁘다고 말한 남편이 이 한 사람뿐인 것은 결코 아닙니다. 다시 말해 결혼하기 전에는 여자의 아름다움이 거의 전적으로 그녀를 사랑하는 남자의 눈 속에 들어 있을지 모르지만 결혼을 하고 난 후에는 귀에 달려 있습니다.

최근에 내가 재미있게 읽었던 글귀가 하나 있습니다.

사람들이 나의 의견에 동의하지 않을 때,
나의 주장은 힘을 잃고
나는 그들의 신성한 권리를
둔하고 맹목적이며 그릇 되다고 여깁니다.

솔로몬은, 입은 나에게 "생명의 샘"이 되어야 한다고 상기시켜 줍니다(잠언 10:11). "생명의 샘"인 입에서 적의에 가득한 말과 분노의 말이 나올 수 없습니다.

마음의 아름다움은 그리스도를 비춰 주는 깨끗한 거울과도 같습니다. 염려, 분노, 적의, 쓴뿌리가 그 거울을 잘 보이지 않게 만듭니다. 그 거울을 깨끗하게 유지하기 위해서는 성령의 손질과 말씀의 깨끗케 하심과 근면한 순종이 있어야 합니다.

열쇠는 순종입니다.

"거한다"는 것은 곧 "순종한다"는 것을 의미한다고 볼 수 있습니다. 그리스도 안에 깊이 거하기 위해서는, 다시 말해 주님께서 주신 기쁨을 누리고 삶 가운데서 주님을 나타내며 아름다운 마음과 인격을 소유하기 위해서는 순종해야만 합니다.

시편 기자는 이렇게 말하고 있습니다. "내가 내 행위를 생각하고 주의 증거로 내 발을 돌이켰사오며 주의 계명을 지키기에 신속히 하고 지체치 아니하였나이다"(시편 119:59-60).

한 친구가 이 말씀을 어떻게 적용하고 있는지를 내게 이야기해 주었습니다. 성경에서 어떤 명령을 접하게 되면 그는 즉시 기회가 닿는 대로 순종을 한다는 것이었습니다. 시편에서 주께 기쁨으로 노래하라는 구절이나 내용을 읽게 되면 읽는 것을 잠시 멈추고 찬송을 하며, 또한 전심으로 찬양하라는 명령을 들으면 곧장 찬양을 하고, 다른 사람에게 그리스도를 전하라는 말씀을 보고 나서는 다음에 처음으로 만나는 사람에게 복음을 전한다는 것입니다.

주님의 음성에 귀를 기울이며 살아 계시는 하나님의 말씀에 순종하는 그것이 바로 하나님을 향해 있는 마음입니다.

나는 테니스를 배울 때, 백핸드에 대해서 배우면서 팔의 스윙을 도중에서 멈추지 말고 끝까지 뻗어 주라는 말을 들었습니다. 그렇게 하는 것이 왜 중요한지에 대해서 설명을 듣고 그 시범도 보았습니다. 나의 문제는 실제로 그렇게 하는 데 있었습니다. 내가 배워서 알고 있는 대로 하지 않으면 그 모든 훈련이 아무 소용이 없습니다. 때때로 나는 연습할 때마다 바로 내 곁에서 코치해 줄 수 있는 선생님을 모실 수 있다면, 이것을 정확하게 익힐 수 있을 텐데 하고 생각하곤 합니다.

하나님의 법을 순종하는 데 있어서, 우리에게는 지도해 주시는 선생님이 계실 뿐만 아니라, 우리 안에 거하시며 하나님의 계명에 순종하고자 하는 동기와 또 순종하는 데 필요한 힘과 능력을 주시는 분이 계십니다. 우리는 불순종에 대해서 아무런 변명도 할 수 없습니다.

하나님은 결코 인내심을 잃지 않으신다는 사실이 얼마나 다행스러운지 모릅니다. 하나님은 우리의 실패를 용서하시며, 그래서 우리는 다시 새롭게 시작할 수 있는 것입니다. 그러나, 우리가 하나님의 가르침을 실행에 옮기지 않는 한, 우리는 결코 이러한 그리스도인의 삶에 형통할 수는 없습니다.

말씀에 순종하지 않는 것은 곧 그 말씀을 부인하는 것과 같습니다.

성경공부도, 기도를 통해 하나님께 귀를 기울이는 것도, 설교 말씀을 듣는 것도, 말씀을 암송하거나 묵상하는 것도 내게 아무런 유익이 되지 못했을 것입니다. 하나님께서 내게 하라고 하신 것들을 하지 않았다면, 하나님을 알게 해주는 이 모든 방법들이 다 나의 영적 성장에 아무런 도움도 되지 못했을 것입니다.

하나님께서는 우리가 영적인 삶에 진지한 자세로 임하기를 원하십니다. 주님께서는 이렇게 말씀하십니다. "너희가 나를 사랑하면 나의 계명을 지키리라"(요한복음 14:15). "너희가 나의 명하는 대로 행하면 곧 나의 친구라"(요한복음 15:14).

그리스도는 우리가 그분께 순종할 때 자기를 나타내 주십니다. 주님께서는 이렇게 말씀하십니다. "나의 계명을 가지고 지키는 자라야 나를 사랑하는 자니, 나를 사랑하는 자는 내 아버지께 사랑을 받을 것이요, 나도 그를 사랑하여 그에게 나를 나타내리라"(요한복음 14:21).

하나님은 나의 삶이, 또한 당신의 삶이 하나의 모험이 되기를 원하십니다. 그분은 우리의 변함없는 친구가 되기를 원하십니다. 그분은 막대한 부요와 끝없이 풍부한 경험들을 주셨고… 주고 계시며… 또한 주실 것입니다. 그분이 원하시는 것은 단 한 가지, 곧 순종입니다.

하나님께서는 자신을 우리에게 보여 주실 것입니다. 사랑의 손길로 우리를 어루만져 주실 것입니다. 우리를 아름답게 해주실 것입니다.

하나님께서는 우리가 그분을 볼 수 있도록 해주실 것입니다. 뚜렷하게. 분명하게.

하나님께 순종하십시오. 순종은 이 모든 것들의 시작이 될 것입니다.

본 출판사의 서면 허락 없이는 본서의 전부 또는
일부의 무단 복제, 또는 원문에 대한 무단 번역을 금합니다.

한 여인이 걸어 온 제자의 길

개정 1쇄 발행 : 1999년 9월 20일
개정 5쇄 발행 : 2016년 7월 25일

펴낸곳 : 네비게이토 출판사 ©
주소 : 03784 서울시 서대문구 연희로 16 (창천동)
전화 : 334-3305(대표), 334-3037(주문), FAX : 334-3119
홈페이지 http://navpress.co.kr
출판등록 : 제10-111호(1973년 3월 12일)

ISBN 978-89-375-0231-6 03230